本書の構成と使い方

■本書は、**4つの章で構成**されています。

第1・2章　情報収集・分析スキルを学ぶ ➡ 練習問題に取り組む

第1章では、「情報活用スキル」のポイントを具体的に学びます（具体的手法のインプットになります）。

同じ高校に通う高校1年生

たくみ
明るく活発でツッコミも鋭いが、たまにおっちょこちょい。

はるか
天然キャラでツッコミたくなる行動も多いが、真面目で一生懸命。

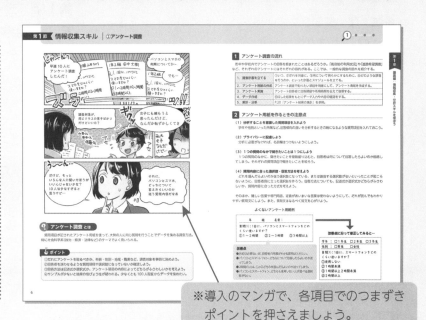

※導入のマンガで、各項目でのつまずきポイントを押さえましょう。

第2章では、身近なテーマによる練習問題を通して設定されたテーマに対する適切な情報を収集し、集めた情報を適切なツールでまとめる練習を行います（具体的手法のアウトプットになります）。練習問題は、抜粋して取り組んでもかまいません。

📖 付属ノートの記入ページを示しています。

参照 テキスト内の参照ページを示しています。

第3章　探究テーマを探す ➡ 自分で問いを設定し探究的な学習に取り組む

第3章では、探究テーマの設定手順を学び、いよいよ自分（たち）で探究テーマを探し、問いを設定していきます。

ここでは、探究テーマにつながる話題を、現代社会の問題や進路探究と絡めて紹介していますから、それらを参考に探究テーマを決めることができます。探究テーマや問いが決まったら、それぞれの探究学習を進めていき、調査や作業内容を付属ノートに記入していきます。

※『小論文頻出テーマ解説集　現代を知るplus』（第一学習社）では、本書に掲載している資料をさらに詳しく解説しています。

第4章　探究学習の成果物を作成する

第4章では、探究学習の成果物作成について学びます。発表に関する方法と、それぞれの発表方法や探究学習全体を評価するためのルーブリックを紹介していますから、学校で指定された成果物に合わせて参考にしましょう。

もくじ

●テキスト内の二次元コード、URL は 2024 年8月現在閲覧可能なものです。
●本書裏表紙に掲載している二次元コードを読み込むと、第1・3・4章の一部に対応した解説動画を視聴できます。授業や自宅学習でご利用ください。

第1章 講義編

目標 情報収集・分析スキルを学ぼう

● 第1章の概要＆学習目標

　第1章では、情報収集・分析スキルについて解説していきます。情報の集め方、集めた情報をまとめ、そこから読み取れることを分析するための情報活用スキルを身につけることは、探究的な学習を効果的に進めるためには重要なポイントになりますので、これから取り組む探究学習全体に必要なスキルだということを意識して、学んでいきましょう。

　第1節「情報収集スキル」では、いろいろな情報の集め方を学習します。スマートフォンによるインターネット検索ばかりに頼らず、図書館を活用した文献調査や、アンケート調査、インタビュー、実験・観察など、さまざまな収集手段を用いてみましょう。設定した「問い」の調査やまとめを行う際にどのような情報が必要になるのか、見当をつけてから情報収集すると、収集すべき情報を取捨選択する力を養うこともできます。

　第2節「情報分析スキル」では、集めた情報を「問い」の解決に向けて整理し、分析するコツをつかんでいきましょう。集めてきた情報や頭のなかにあるアイディアなどを目に見えるかたちにまとめると、考えや情報を整理することができます。また、学んだことのつながりを明確にしたり、意見を友だちどうしで共有したり、知識を新しく得たりすることに役立てることもできます。

❓ 文献調査 とは

　論文や本、雑誌や新聞の記事、統計資料、手紙や日記など、すでに発表されている文書や記録などを収集し、調べること。どの分野を探究する場合も、文献を調べることからはじめるとよい。

✌ ポイント

①調べたいテーマや関連するキーワードを絞り込んでから、文献資料を探そう。
　（※テーマやキーワードの絞り込み方については、P.38〜39「 1 探究テーマを探す手順」を参照）
②図書館を活用する場合も、インターネットで検索をする場合も、信頼性の高い情報源を活用して、効率よく資料を探そう。ただし、情報の真偽が不明な Wikipedia や SNS に頼ってはいけない。

文献調査の方法

ここでは、図書館の活用と、インターネットの活用の2つについて紹介する。

1 図書館の活用

（1）図書館で利用できるもの
…書籍、新聞、雑誌、論文集、検索サービス、音声やDVDなどの映像

（2）図書館で本を探す方法
…蔵書検索システムOPAC（オパック／オーパック）を利用しよう。

キーワード	∨	人工知能　人間
タイトル	∨	
著者名	∨	
出版者	∨	

キーワードの検索窓に、テーマに関連するキーワードを単語で入力して検索しよう。ヒット数が多すぎる場合は、さらに検索キーワードを追加して絞り込んでみよう。

2 インターネットの活用

インターネット上には大量の情報があるが、以下のウェブサイトを使って検索すると、信頼性の高い情報を探すことができる。

（1）新聞
■国立国会図書館「リサーチ・ナビ」…調査のポイントや参考資料、便利なデータベースやウェブサイトなど、調査に役立つ情報を特定のテーマ、資料群別に検索できる。

（2）新書
■NPO法人連想出版「新書マップ」…新書を探すのに特化した検索システム。キーワードや文章から、テーマごとに関連する新書が検索でき、目次情報なども見ることができる。

（3）統計資料・白書・年鑑
■総務省統計局「なるほど統計学園」…統計について学べる児童・生徒向けの学習サイト。統計の基礎知識、統計はどのようにして作られるのか、グラフの作成方法、データの解析方法などについて学ぶことができる。

■独立行政法人統計センター「e-Stat」（イースタット）…各府省のホームページ上で提供されている統計資料を、まとめて検索することができる。

（4）論文・雑誌
■「Google Scholar」（グーグルスカラー）…学術情報検索に特化した検索サービス。インターネット上に公開されたあらゆる分野の論文や記事を対象にしている。例えば、「検索したい語句　PDF」と入力すると、PDFで公開された資料だけが検索される。

■国立情報学研究所「CiNii Research」（サイニィリサーチ）…論文、図書・雑誌などの文献に加えて、研究データやプロジェクト情報など、研究活動にかかわる情報を検索できる。

❓ アンケート調査 とは

　質問項目が記されたアンケート用紙を使って、大勢の人に同じ質問を行うことでデータを集める調査方法。特に社会科学系（政治・経済・法律など）のテーマでよく用いられる。

👆 ポイント

①だれにアンケートを取るべきか、年齢・性別・地域・職業など、調査対象を事前に決めよう。
②回答者を迷わせるような質問項目や選択肢になっていないか確認しよう。
③回答方法は記述式か選択式か、アンケート項目の内容によってどちらがふさわしいかを考えよう。
④サンプルが少ないと結果の信ぴょう性が疑われる。少なくとも100人程度からデータを集めたい。

1 アンケート調査の流れ

街中や学校内でアンケートの回答を頼まれたことはあるだろうか。「商店街の利用状況」や「進路希望調査」など、それぞれのアンケートにはそれぞれの目的がある。ここでは、一般的な調査の流れを紹介する。

1．調査計画を立てる	①いつ、②だれを対象に、③何について明らかにするために、④どのような調査を行うのか、といった計画とスケジュールを立てる。
2．アンケート用紙の作成	アンケート調査で知りたい項目を明確にして、アンケート用紙を作成する。
3．アンケート実施	アンケート回答者に回答期限や所用時間を伝えて依頼する。
4．データ作成	回収した結果をもとにデータ入力や内容の確認をする。
5．集計・分析	P.20「アンケート結果の集計」を参照。

2 アンケート用紙を作るときの注意点

（1）分析することを意識した質問項目を入れよう

学年や性別といった所属など、回答傾向の違いを分析するときの軸になるような質問項目を入れておこう。

（2）プライバシーに配慮しよう

分析に必要がなければ、名前欄はつけないようにしよう。

（3）1つの質問のなかで聞きたいことは1つにしよう

1つの質問のなかに、聞きたいことを複数盛り込むと、回答者は何について回答したらよいのか困惑してしまう。それぞれの質問項目で聞きたいことを絞ろう。

（4）質問内容に合った選択肢・回答方法を考えよう

どれを選んだらよいのか迷う選択肢になっている、または該当する選択肢がないといったことが起こらないように、回答者側に立った選択肢を作ろう。回答方法についても、記述式か選択式かどちらがふさわしいか、質問内容に合った方式を考えよう。

そのほか、難しい言葉や専門用語、定義があいまいな言葉は使わないようにして、だれが読んでもわかりやすい質問文にしよう。また、質問文はなるべく短文を心がけよう。

よくないアンケート用紙例

> 年　　組　　名前：
>
> 質問(1)：1日に、パソコンとスマートフォンをどのくらい使いますか？
> ①1〜2時間　②2〜3時間　③3時間以上

改善点
- 名前は必要ないが、回答者の所属がわかる質問は入れたい。
- パソコンとスマートフォン、どちらについて回答したらよいのか迷ってしまう。
- 2時間の人は、①と②どちらを選んだらよいのか迷ってしまう。
- パソコンとスマートフォン、どちらも使用しない人が選べる選択肢がない。

改善点に沿って修正してみると…

> 学年　：　□1年生　□2年生　□3年生
> 性別　：　□男性　　□女性
>
> 質問(1)：1日に、スマートフォンをどのくらい使いますか？
> ①使用しない
> ②1時間未満
> ③1時間以上2時間未満
> ④2時間以上

❓ インタビュー とは

　情報収集を目的に質問を行い、1対1や対話形式のなかでインタビュー相手から回答を得ること。アンケートと違って、インタビュー中に質問項目や質問のしかたを変えるなど柔軟な対応ができるため、インタビュー相手の体験談や感情など、細かな情報収集ができる。

👆 ポイント

①どんな質問をするか、どのように記録するかなど、インタビューを行う前にきちんと考えておこう。
②インタビューを行うときはメモを取りながら話を聞き（相手の了解を得た場合は、ボイスレコーダーなど録音機器を使ってもよい）、聞いた内容を忘れないように、なるべく時間を置かずにまとめよう。

インタビューの方法

インタビューは、相手から直接、生の情報が得られる貴重な機会である。質問項目を用意するなどの事前準備をしっかりと行い、プライバシーを守ることを心がけよう。また、インタビュー相手に失礼のないよう、身だしなみや口調(ため口を使わないなど)にも気をつけよう。

1　インタビューの流れ

1. インタビュー相手の選定	どんな目的でだれにインタビューするのか考えよう。
2. 質問項目の決定	テーマの下調べをして、疑問点や知りたい点を整理しよう。
3. インタビューの申し込み	自分(たち)の名前や所属、インタビューの目的、大まかな質問項目、希望日時、訪問人数、所要時間(目安は1時間程度)などを必ず伝えよう。
4. インタビューの準備	筆記用具やノート、事前に調べた資料、質問を書いたメモなど、インタビューを行うときに必要なものを準備しておこう。
5. インタビュー実施	あいさつや自己紹介を行い、インタビューの目的を相手に伝えてから始めよう。また、終了後はお礼を忘れずに伝えよう。
6. 聞いた内容の整理	時間が経つと、聞いた内容を忘れてしまう。記憶が新しいうちにまとめておこう。

※後日、レポートなどの成果物を郵送やメールでインタビュー相手に送り、改めてお礼を伝えよう。

2　インタビューを行うときの注意点

(1)「何を聞くか」を明確にしておこう

「とりあえず会って話を聞けば何かがわかるだろう」といういいかげんな考えでは、知りたい情報を聞き出せないし、そのような態度はインタビュー相手にも失礼だ。きちんと準備してインタビューに臨もう。

(2) 何でも記録しよう

質問項目に対する答えだけでなく、インタビュー相手の表情や雰囲気、話を聞いていて気がついたことなど、気になったことは何でも記録しておこう。

(3)「プライバシーを守ること」を最優先しよう ◀ 特に大事!!

インタビュー内容を公開する範囲などについて、事前にインタビュー相手と確認しあっておこう。また、お互いの間で取り決めた事柄については、あとでトラブルにならないよう必ず記録を残しておこう。

❓ 実験・観察 とは

実験とは、自分が立てた仮説が正しいかどうかを検証するために、さまざまな条件のもとで測定を行い確認する方法のこと。観察とは、注意深く対象を見て変化を記録し、対象の実態を把握することだ。

👆 ポイント

①実験器具や薬品を扱うときは、使い方や保管方法のルールを守り、必ず先生に立ち会ってもらおう。

②実際に測定や観察をする前に、予備実験を行っておくとよい。計画段階では気づけなかったことが見つかったら、先生ともよく相談して手順の変更などを行おう。

③実験でも観察でも、対象をよく見て、しっかりとノートに記録しておくことが重要だ。

1　実験・観察の流れ

1. 仮説を立てる	ある現象について調べる場合、なぜその現象が起こるのかを考えて、仮説を立てる。仮説はある意味、「予想」ともいえる。文献調査も活用しながらその現象が起こる原因を予想して、1つのモデルとして仮定しよう。
2. 仮説を証明するための実験を考える	どのような実験・観察をしたらその仮説が証明できるのかを考え、実験・観察の方法を具体的に決めよう。限られた時間や設備のなかで、どのような検証方法を思いつくか、アイディアや発想も重要だ。
3. 実験・観察を行う	安全面に注意し、どのような結果が出てもありのままをノートに記録しよう。
4. 結果を考察する	検証実験の結果が、仮説が正しいことを証明するものになっているかどうか、考察を行おう。「仮説が正しくないとこの結果が出ない」「ほかの仮説では説明できない」ということが、証明できないといけない。
5. 再度、仮説を立てる	もとの仮説が実験・観察によって証明されなかった場合は、その結果を説明できるようなほかの仮説を立て直そう。再度立てた仮説を証明するための実験を考えて実行し、考察を行うというくり返しになる。

2　実験・観察において気をつけておきたいこと

①実験・観察により取り返しのつかない事故につながるおそれもある。ふざけたり手を抜いたりせず、真剣に取り組もう。

②実験方法に不備がないのに仮説とは異なる結果が出た場合、その結果は仮説段階では気づかなかった重要な要素になるので、きちんと受け入れよう。仮説に合わせて結果を改ざんしてはいけない。

3　実験・観察ノートの重要性

　実験・観察を行うときは、毎回行ったことを必ずノートに記録しよう。データの分析・考察や発表資料の根拠にするため、また実験を実施したことの証明や実験の問題点を明らかにするために、記録はとても大事になってくる。実験や観察をはじめてからあわてないように、準備を整えてからとりかかろう。

〔ノートに記録するべきこと〕

①実験・観察を行った日付、天気
②その日の実験・観察の目的
③実際に行った実験・観察内容
④得られた結果・データ
⑤考察
⑥次に行うこと

※ノートを取るときには、鉛筆やシャープペンシルではなく、ボールペンなど、あとから修正できないものを使おう。そうすることで、データの改ざんや消失を防ぐことができる。

参考
　実験・観察と聞くと、理科の専門知識が必要な難しいものを思い浮かべるかもしれない。しかし、「音楽が睡眠にもたらす効果とは」「ペットボトルロケットをより遠くに飛ばすにはどうしたらよいか」など、身近なテーマであっても、実験や観察が必要になることがある。タブレット端末やスマートフォンで実験や観察の写真を撮って記録用に使うこともできるので、どんどん活用していこう。

※ P.14「バタフライ・チャート」の例を確認してみよう。

❓ シンキングツール とは

考えやものごとの整理をサポートしてくれる、図式として普及している思考ツールのこと。集めた情報や思考を整理し、アイディアや問題をまとめるには図式化が役立つ。シンキングツールを活用して、頭のなかでもやもやとした状態にある思考を、すっきり整理してみよう。

✌ ポイント

①考えを整理する前に、まずは思いついたキーワードやアイディアをどんどん書き出そう。その際、なるべく大きくて、罫線やマス目などのない用紙を用意するとよい。

②書き出すときには、なるべく簡潔な言葉やキーワードなどを使って、短文でまとめよう。

さまざまなシンキングツール

考えを整理するときに使える、さまざまなツールが開発されている。それらのなかで手軽に使えるものを紹介するので、状況に応じて利用してみよう。

参考：公益財団法人 パナソニック教育財団『シンキングツール 〜考えることを教えたい〜』
https://www.pef.or.jp/05_oyakudachi/contents/hk.html

（1）マトリクス表

客観的に全体をとらえるために分類・整理したり、関連性や優先順位をつけるために比較したりするときに役立つ。時間割表や掃除当番表などにも使われており、これまでにも数多く見たことがあるはずだ。まずは、「行見出し」（一番上の行）と「列見出し」（一番左の列）に、それぞれ整理する対象や観点、視点を書き入れてみよう。そのうえで、マス（白い部分）に当てはまる事項や様子などを書き込んでいこう。

例） 修学旅行の行き先検討資料（1泊当たり）

	予算（1人当たり）	主な訪問予定場所	問題点
富山	13,540円	五箇山→瑞龍寺→黒部峡谷 など	移動時間がやや長い 歴史学習面がやや弱い
京都	23,400円	平等院→平安神宮→清水寺 →嵐山 など	費用が割高 観光客が多い
長崎	16,350円	軍艦島→出島→大浦教会 →外海 など	移動費用と時間がかさむ

行見出し（一番上の行）／列見出し（一番左の列）

（2）フィッシュボーン（特性要因図）

解決したい問題について分析したいときや、問題が起こる原因について知りたいときに役立つ。まず、魚の頭に当たる部分に解決したい問題点を1つ書き入れる。次に、中骨（太線）に当たる部分に、すぐに思いつくような主な要因をいくつか書き入れる（例では、家庭 小売店 飲食店 食品メーカー の4つを挙げている）。さらに、小骨部分に細分化した要因を書いていく。この細分化した要因を深く考えてみることで、問題解決の糸口が見えてくるはずだ。

例） 食品ロスを減らすには？

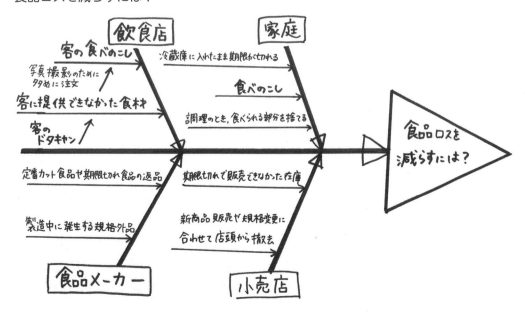

（3）バタフライ・チャート

　ものごとを多面的に見たいときに役立つ。まず、中央に課題（＝トピック）を書き入れ、それから「賛成意見・反対意見」、「メリット・デメリット」など、対立する項目を中央からそれぞれ左右に向けて書き込んでいく。実際に活用するときは、必ずしも蝶の形をしている必要はない。（P.32「記入例④」参照）

例）　小学生にスマートフォン
　　　を持たせてもよいか

（4）ベン図

　２つの異なる事柄の、共通点と相違点を比較するときに役立つ。円が重なりあうところに２つの事柄の共通点を、重ならないところにはどちらかのみにしか見られない特徴を書き入れよう。

例）　「論文・レポート」と「作文・日記」の比較

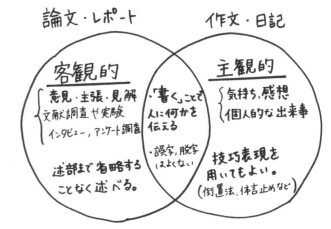

（5）座標軸

　さまざまな事柄を相互の関係に気をつけながら整理するときに役立つ。まず、Ｘ軸とＹ軸の２つの軸がそれぞれ何を意味するのかを決め、カテゴリー（象限）をイメージしながら、調べたこと、気づいたことなどを書き込んでいこう。

例）　高校生に人気の趣味

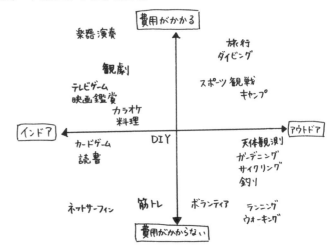

（6）Yチャート ／ Xチャート

　対象について、さまざまな視点からアプローチし、新しい考えを生み出したいときに役立つ。Yチャートならば3つ、Xチャートならば4つの視点が設定できる。まずは、対象に対して考えるべき視点を設定しよう。そして、それぞれの視点について思いついたことをできるだけたくさん箇条書きしたあとは、関連するものどうしをつなぎあわせてみよう。思いついた事柄を整理したり、新たなアイディアを生み出したりすることにもつながる。

例）　スマートフォンの利用（Yチャート）

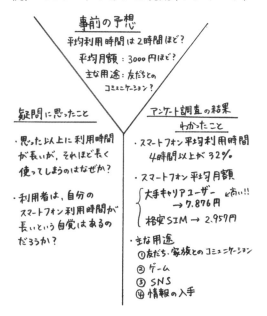

例）　観光産業を支えるには？（Xチャート）

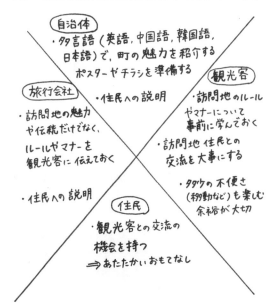

（7）KWLチャート（知っている・知りたい・学んだ）

　テーマを焦点化したり、探究学習の計画や見通しを立てたり、これまで調べたことをふり返ったり、思考を整理したりするときに役立つ。これから調べ、学びたい事柄について「知っていること（what I know）」、「知りたいこと（what I want to know）」、「調べたことで新しく知ったこと／学んだこと（what I learned）」に分けて整理しよう。

例）　スローフードとは

K what I know 知っていること	W what I want to know 知りたいこと	L what I learned 学んだこと
・スローフード運動という言葉 ・最近注目を集めている ・イタリア発祥	・だれが、いつ言いはじめたのか ・スローフードとは具体的にどのようなものか（定義）	・1986年 ピエモンテ州ブラという村 ・イタリア人のカルロ・ペトリーニ ファストフード ↑↓ スローフード ・安い輸入品やグローバル企業に「食」をゆだねず、地元の農家から直接食材を買うことなどで地域経済や伝統・文化を守る。

> なお、K・W・Lの部分を、P（プラス面、Plus）・M（マイナス面、Minus）・I（興味深い点、Interesting）に変えてみたり、「学んだこと」、「特に関心を持ったこと」、「これからに生かしたいこと」に変えてみたりするなど、適宜応用しながら使用することもできる。

❓ データの集計、表・図（グラフ）の作成 とは

　実験や観察、アンケートで得られたデータを整理した表や図は、発表を行うときや論文を書くときに、大事な根拠となる。わかりやすく見栄えよく、より説得力のある表や図を作成しよう。

👆 ポイント

①表や図には必ずタイトル（見出し）をつけよう。表の場合は表の上に、図の場合は図の下につけ、出典なども示そう。注釈として補足説明をつけてもよい。

②３Dグラフにしたり、グラフを表示するときの視点を変えたりすると、実際より数値差が開いて見えるなど本来のデータとは違った印象を与えてしまうことがあるため、気をつけよう。

データのまとめ方 ……………………………………

　数値で示すことのできるデータを定量的なデータといい、主に表や図で示すことができる。数学Ⅰ「データの分析」での学習も参考にしてみよう。

1　データをまとめるときの注意点

（1）データに含まれている情報が、視覚的に伝わるように工夫しよう

　得られたデータを表や図にまとめる目的は、データを「見える化」すること、またそれによってイメージで頭に残しやすくするところにある。数値だけでは伝わらないことも多いため、線の太さや色なども考慮して、差や変化、特徴的な部分などがよりわかりやすく伝わるように工夫しよう。

（2）数値には必ず単位をつけよう

　数値には必ず単位がある。特に物理学、化学、生物学、天文学などの自然科学分野や医療分野の研究から得られる数値は、さまざまな単位が用いられるうえ、その単位の意味をきちんと理解していることが重要になる。表や図を作成するときは単位が何になるのかを意識するとともに、必ず表示するようにしよう。

参考　データの改変・改ざんは絶対にしてはならない！

　表や図を作成するときに、見栄えをよりよくしようと本来のデータを書き換えてしまうことを「改変」、あるいは「改ざん」という。改変は悪意のないデータの書き換えを、改ざんは悪意のあるデータの書き換えを指す言葉だが、いずれにせよ調査から得られたデータの書き換えは調査結果をゆがめてしまうことになるため、絶対に行ってはならない。

2　表のまとめ方

　表は、数値やデータをとりまとめたり、一覧にしたりするときに用いる。表におけるそれぞれの項目名はシンプルでわかりやすい表現にしよう。また列（縦方向）や行（横方向）の幅、文字の種類やサイズなど、そろえられるところはそろえよう。表の場合、タイトルは上につける。

【よくない例】

表1　○○高校図書館年間図書貸出冊数（冊）

	1年生	2年生	3年生
２０１６年	728	４３４	621
2017年			639
2018年			643
２０１９年	745	721	703

数字は半角文字で統一しよう。

1行に収めよう。

列の幅をそろえよう。

【よい例】

表2　○○高校図書館年間図書貸出冊数（冊）

	1年生	2年生	3年生
2016年	728	434	621
2017年	735	625	639
2018年	739	621	643
2019年	745	721	703

3 図（グラフ）のまとめ方

　図（グラフ）の、どの部分が何を表すかを示したものを凡例という。図は、白黒印刷されたときにもわかるデザインを考えよう。図の場合、タイトルは下につける。

（1）棒グラフ

　幅の等しい棒の高さで量を表すので、データの大小を比較したいときに適している。目盛りは、原則として０からはじめる。データを並べる順番としては、データの多い順（または少ない順）か五十音順、横軸が年や月などの場合は下図のように時間順、アンケートに対する回答を示す場合は質問順に並べよう。

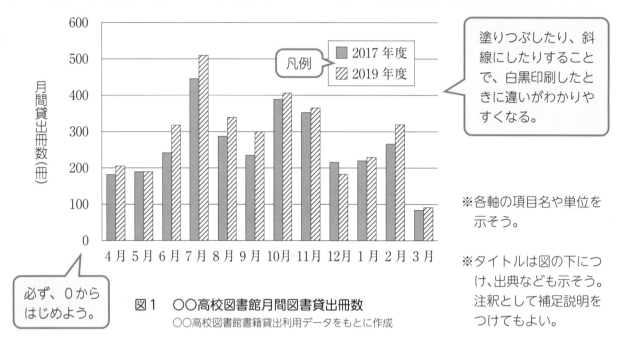

塗りつぶしたり、斜線にしたりすることで、白黒印刷したときに違いがわかりやすくなる。

※各軸の項目名や単位を示そう。

必ず、０からはじめよう。

図1　○○高校図書館月間図書貸出冊数
○○高校図書館書籍貸出利用データをもとに作成

※タイトルは図の下につけ、出典なども示そう。注釈として補足説明をつけてもよい。

（2）折れ線グラフ

　縦軸の目盛りで量を表すので、縦軸の比較対象項目が多く、横軸に対する変化・増減を見たいときに適している。目盛りは必ずしも０からはじめる必要はなく、マイナスなど負の値を表すこともできる。複数のデータを比較する場合は、各線の色や形、太さ、種類を変えて、区別できるようにしよう。

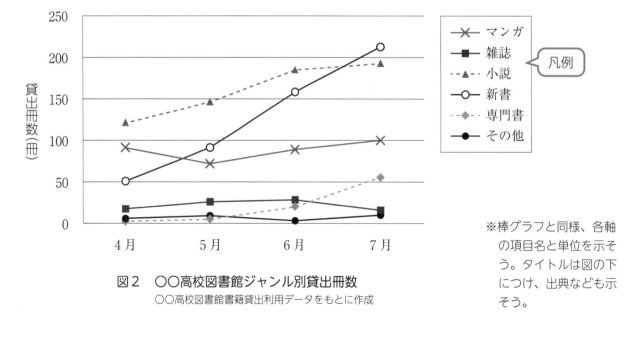

図2　○○高校図書館ジャンル別貸出冊数
○○高校図書館書籍貸出利用データをもとに作成

※棒グラフと同様、各軸の項目名と単位を示そう。タイトルは図の下につけ、出典なども示そう。

（3）円グラフ

　全体に対する各項目の割合・構成比を示したいときに適している。割合・構成比はパーセンテージ（％）で示し、必ず合計で100％になるようにしよう。時計の12時の地点から、時計回りに割合の大きい順に並べて示そう。なお、「その他」という項目は、たとえ割合が大きくても、必ず最後に表示する。

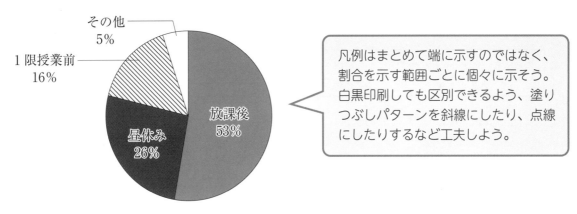

　凡例はまとめて端に示すのではなく、割合を示す範囲ごとに個々に示そう。白黒印刷しても区別できるよう、塗りつぶしパターンを斜線にしたり、点線にしたりするなど工夫しよう。

図3　学校図書館の利用時間帯（1年生）

（4）帯グラフ

　構成比の比較や割合を示すのに適している。円グラフと同様、割合・構成比はパーセンテージ（％）で示し、必ず合計で100％になるようにしよう。

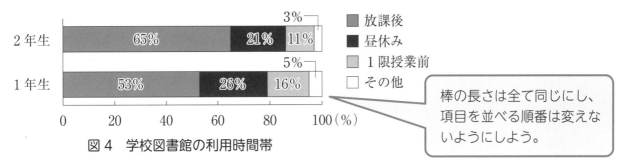

　棒の長さは全て同じにし、項目を並べる順番は変えないようにしよう。

図4　学校図書館の利用時間帯

（5）その他

　ほかに、集計したデータを図にして示すときによく使われるものには、以下のようなものもある。
■**積み上げ棒グラフ**：全体の変化だけでなく、その内訳の変化も示せる。（図5）
■**レーダーチャート**：複数のデータを1つのグラフに表示して、全体の傾向をつかむことができる。（図6）
■**散布図**：縦軸と横軸にそれぞれ別の事柄を指定し、データがあてはまるところに点を打って示すグラフ。2つの事柄について関連性を知ることができる。（図7）

> **参考**：総務省統計局『なるほど統計学園＞初級 TOP ＞ 4 グラフの作り方（初級編）』
> https://www.stat.go.jp/naruhodo/4_graph/index.html

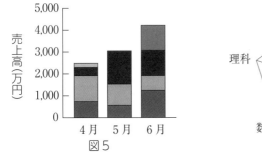

図5

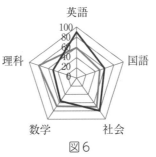

図6

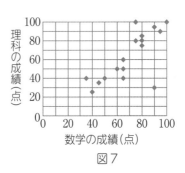

図7

参考 アンケート結果の集計

アンケート調査で得たデータを、表計算ソフトを使って集計してみよう。

アンケート　　〇〇高校図書館利用率調査

質問(1)：あなたの学年をお答えください。
　　　　① 1年生　　　　　② 2年生　　　　③ 3年生

質問(2)：あなたは1か月にどの程度、学校の図書館を訪れますか。
　　　　① 5回以上　　　　② 3〜4回　　　③ 1〜2回　　　④ 全く利用しない

質問(3)：あなたは、いつ学校の図書館を利用していますか。（複数回答可）
　　　　① 放課後　　　② 昼休み　　　③ 1限目の授業前　　　④ その他

> このようにアンケートの選択肢自体を番号化しておくと、集計の際、数値の入力だけですむため便利だ。

↓

(1) 表計算ソフトに結果を入力する

> 複数回答の項目では、選択肢の数だけ欄を設けて、選択されていれば1、そうでない場合は0を入力しよう。

	A	B	C	D	E	F	G
1	番号	質問(1)	質問(2)	質問(3)-1	質問(3)-2	質問(3)-3	質問(3)-4
2	1	3	2	1	1	0	0
3	2	2	3	1	1	0	0
4	3	2	3	1	0	0	0
5	4	2	4	0	0	0	1
6	5	1	4	0	0	0	1
7	6	1	2	0	1	0	0
8	7	2	3	1	0	1	0
9	8	3	0	1	0	1	0

> 無記名アンケートの場合は、回答用紙に番号をふって管理しよう。

> 「以下の選択肢のなかから当てはまるものを1つだけお選びください」といった単一回答の場合、無回答には0を入力すると、入力忘れと区別することができる。

(2) 表計算ソフトで図（グラフ）を作成する

　図（グラフ）を表計算ソフトで作成する場合、上部にある〔挿入〕タブをクリックすると、グラフグループにあるさまざまなグラフのなかから適切なものを選ぶことができ、自動的に作成してくれるので便利だ。

※画像はMicrosoft Excelのタブにあるツールアイコンの一部。

第2章 練習編

● 第2章の概要＆学習目標

　第2章では、第1章で学んだ手法を用いて、「情報を収集」し「整理・分析」する練習をしていきます。設定されたテーマに対する適切な情報を集めるにはどうしたらよいのか、集めた情報をわかりやすく整理し、考えやすくするにはどうしたらよいのかなどを、練習問題を通して学んでいきましょう。

　練習問題のテーマは、高校生にとって全国どこにいても資料を手に入れやすいもの、練習問題として取り組みやすいものを選んでいます。

　まずは、同級生や学校の先生など身近にいる人たちから意見や情報を集める練習、インターネットや図書館を活用して資料を集める練習からはじめましょう。そして、集めた情報を第1章で学んだシンキングツールを活用して整理し、そこからどんなことが読み取れるかを考えてみましょう。P.29〜 35 では各練習問題の記入例を紹介していますから、自分の考えやまとめた図表と比較してみるとよいでしょう。

練習問題 ❶ アンケート用紙を作ろう

「高校生の学習実態調査」

　あなたは、「高校の勉強は難しい」「どのように勉強を進めたらよいのだろう」と悩んでいないだろうか。予備校や塾に通ったり、通信添削を使ったりしたほうがよいのだろうか。ほかの人は1日何時間くらい勉強しているのだろうか。家に帰るとついのんびりしてしまうが、図書館や自習室で勉強してから帰ったほうがよいのだろうか、などいろいろな悩みがあると思う。そこで、同級生や先輩たちはどのように学習を進めているのか、アンケート用紙を作って調べてみよう。

🖊 記入はノートP. 2～3へ

参照 P.6～7 アンケート調査

👆 アンケート用紙作成の手順

調査計画を立てる

　まずは、「いつ、だれに、どのような質問項目でアンケート調査を実施するのか」といった計画とスケジュールを立てよう。そして、身近な同級生や先輩からどういう情報を得たいのかまとめておこう。

（1）分析することを意識した質問項目の用意

　アンケート対象は、あなたが通う学校の生徒にしよう。学年によって、状況はさまざま異なると予想されるので、回答者の学年については必ず答えてもらおう。そのほかにも、分析するときに必要となりそうな回答者の所属を考えてみよう。

　　（例）　部活動に入っている／入っていない
　　　　　　運動部／文化部　など

（2）質問内容を考える

　調査の目的は、身近な高校生がどのように学習を進めているか状況を知ることだ。どのような質問が必要だろうか。

　　（例）　完全に自力で学習しているか、何らかの補助手段を利用しているか。
　　　　　　補助手段は何か（予備校・塾、家庭教師、通信添削…など）。

（3）回答方法・選択肢

　回答方法は記述式と選択式、どちらがふさわしいだろうか。選択肢を用意する場合、どのようなものが適切だろうか。

　　（例）　質問：1日平均何時間くらい学習しますか。
　　　　　　記述式：（自由記述）
　　　　　　選択式：①1時間未満　②1時間以上～2時間未満　・・・（1時間ごとに区切る）
　　　　　　　　　　①30分未満　　②30分以上～1時間未満　・・・（30分ごとに区切る）

（4）レイアウトの工夫

　回答しやすいレイアウト、質問の意図が伝わるような文章を心がけよう。結果が読み取りやすいように工夫してあると、まとめるときにミスが防げる。質問用紙と回答用紙を分けるのも、有効な方法の1つだ。

練習問題❷ インタビューしてみよう

「苦手科目の克服」

あなたには苦手な科目はあるだろうか。高校での学習で大事なことの1つに、苦手科目の克服がある。家族、学校の先輩、先生…身近な人生の先輩たちには、学生時代、どんな苦手科目があったのだろうか。また、それをどのように克服してきたのだろうか。質問項目を考えて、実際にインタビューしてみよう。

📖✏ 記入はノート P. 4～5へ

参照 P.8～9 インタビュー

👆 インタビューするときの手順

（1）インタビュー相手の選定

家族、先生、先輩…だれに、何人くらいにインタビューするかを考えよう。

（2）質問項目

目的は苦手科目の克服である。質問の順番を考えておこう。

（例）
> ①苦手科目があったか。
> ②なぜ苦手だったのか。
> ③苦手をどのように克服したのか。
> ④いま苦手科目に悩んでいる高校生へのアドバイスは？

（3）インタビューの申し込み（アポイントメントの取り方）

まずは取材対象の人に、インタビューの目的と主な質問内容・取材にかかる時間等を伝え、協力をお願いしよう。了解がもらえたら、インタビューを行う場所と日時を確実に伝えよう。

（4）当日までの準備

筆記用具やノート、事前に調べた資料、質問を書いたメモなど、インタビューを行うときに必要なものを用意しておこう。

（5）インタビュー実施当日

インタビュー相手にあいさつや自己紹介をし、インタビューの目的を伝えてからはじめよう。相手に失礼のないよう、身だしなみや口調には気をつけよう。そして、終了後は必ずお礼を伝えよう。

（6）メモの取り方

インタビューを行うときにはメモを取りながら話を聞こう。ボイスレコーダーなど録音機器を使ってもよいが、その場合、必ず相手の了解を得てからにしよう。インタビューのあとは、聞いた内容を忘れてしまわないように、なるべく時間を置かずに内容をまとめることを心がけよう。

「SNS の歴史」

　私たちの生活に欠かせないものとなった SNS。このツールはどのように発展してきたのだろうか。情報検索サービス「Google Scholar」に「SNS」「歴史」と 2 つのキーワードを入力し、参考論文や関連記事を探し出し、マトリクス表にまとめてみよう。

記入はノート P. 6〜7 へ

参照　P.4〜5　文献調査
　　　　 P.13　さまざまなシンキングツール　(1)マトリクス表

🔍 資料の探し方

（1） 適切な資料が見つかったら、ダウンロードしてプリントアウトする。
　（例）　大向一輝（おおむかいいっき）『SNS の歴史』電子情報通信学会 通信ソサイエティマガジン，2015 年 9 巻 2 号 pp.70-75
　　　　https://www.jstage.jst.go.jp/article/bplus/9/2/9_70/_article/-char/ja/
（2） 資料にはしっかり目を通し、大事だと思った部分にマーカーで印をつける。

📖 資料のまとめ方

（3） SNS 発展の過程を数年ごとのステージに分けてみる。
（4） 特にメモしておきたい出来事や変遷の内容を挙げてみる。
（5） 1 つのマトリクス表上に整理する。

参考　Google Scholar とは

<使い方>
1. 「Google Scholar」にアクセスする。
2. 探したい語句で検索する。

　※通常の検索サイトのように、複数語句で検索することもできる。
　※「検索したい語句　PDF」と入力すると、PDF で公開されている資料だけが検索される。

　ヒットした情報源の URL を見ると、末尾が ac.jp（学術機関）や go.jp（政府機関）など、信頼できる出所の資料が選ばれていることがわかる。通常の検索サイトでヒットする情報は、一般のウェブサイトに掲載されているものが多く、そのなかには出所が確かではない情報が含まれている可能性もある。研究や探究学習では、学術論文や図書・雑誌に発表された記事や、国・自治体の発行物など、出所が確かな資料を使う必要がある。

　もちろん、インターネット上で公開していないものもあり、著作権のつごうもあるため、すべての論文を無料で読めるわけではないが、公開されている文献はたくさんある。学術論文に触れる機会の少ない高校生にとって、探究学習を機に使ってみる価値は十分にあるだろう。

練習問題❹ バタフライ・チャートにまとめよう

「遺伝子組換え作物」

　ニュースでもしばしば取り上げられる「遺伝子組換え作物」。どのような長所／短所があるのだろうか。本当に安全なのだろうか。インターネット検索から集めた情報を、バタフライ・チャートにまとめてみよう。

📖✏️ 記入はノートP. 8〜9へ

参照 P.4〜5　文献調査
　　　 P.14　さまざまなシンキングツール　(3)バタフライ・チャート

 ### 🔍 資料の探し方

（**1**）「Google」の検索窓に、「遺伝子組換え作物　長所」あるいは「遺伝子組換え作物　短所」と入力したあとに、「site:go.jp」と入力して資料を検索する。
（**2**）適切な資料が見つかったら、ダウンロードしてプリントアウトする。
　　（例）　国立国会図書館"遺伝子組換え作物をめぐる状況"調査と情報 No.686（2010. 8. 3）
　　　 https://www.ndl.go.jp/jp/diet/publication/issue/2010/index.html
（**3**）資料にはしっかり目を通し、大事だと思った部分にマーカーで印をつける。

📖 資料のまとめ方

（**4**）現在実用化されている「遺伝子組換え作物」に関する記述を読み、それらがどのような利点を持っているのかを書き出す。
（**5**）安全性評価に関する記述を読み、どのような危険性が危惧（き ぐ）されているのかを書き出す。
（**6**）（4）（5）で挙げた事柄を、バタフライ・チャート上に整理する。

💡 参考　サイト指定とは

　ここでは「Google」を使って、より広く出所の確かな情報だけを集める「サイト指定」という方法について紹介する。
　サイト指定とは、🔍 資料の探し方 （1）で説明したように、「Google」の検索窓に複数のキーワードを入力したあとに、「site:go.jp」と入力する方法のことだ。「site:go.jp」というのは、URLの末尾が「go.jp」のサイトに限るという指定になる。go はガバメント（government）の略で政府機関を表している。これにより、さまざまな省庁が作成した報告書などを探し出すことができる。
　もし、大学や研究機関などから情報を得たい場合は、キーワードのあとに「site:ac.jp」と入力してみよう。日本の大学や研究機関のほとんどの URL は、「ac.jp」で終わっているので、出所の確かな多数の資料が得られるはずだ。

練習問題❺　フィッシュボーンにまとめよう

「景気って何？」

　ニュースでよく、好景気／不景気と聞くけれど、景気がよい／悪いとはどういうことなのだろうか。そして、景気をよくするためにはどのような施策が効果的なのだろうか。「Google」の検索窓に、「景気」「新書」「高校生向け」とキーワードを入れて文献を探し、読んでみよう。そして、読んだ文献内容から「景気安定の施策」について、フィッシュボーンにまとめてみよう。　　記入はノート P.10〜11へ

参照　P.4〜5　文献調査
　　　P.13　さまざまなシンキングツール　(2)フィッシュボーン

資料の探し方

（1）「Google」の検索窓に、「景気」「新書」「高校生向け」とキーワードを入れて文献を探し、興味が持てそうな本を図書館で借りたり、書店で購入したりする。
　（例）　岩田規久男『景気ってなんだろう』ちくまプリマー新書(2008)

（2） 資料にはしっかり目を通し、大事だと思った部分にマーカーで印をつける。
　※借りた本の場合は、直接書き込んだり折ったりして印をつけることのないようにしよう。

資料のまとめ方

（3）「景気を安定させるための施策」に着目し、どの施策がどのような効果により景気安定につながっているのかを書き出す。

（4）（3）で挙げた内容を、フィッシュボーンを用いて整理する。

参考　新書のすすめ

　気になる問題について概要を知りたいときは、新書を読むとよい。新書とは、文庫より少し大きめの型で、文学・社会・経済・科学など、さまざまなジャンルの教養を手軽に理解できるようまとめてある。新書を1冊読むことで、そのテーマに関連したさまざまな基礎知識を得ることができる。

　岩波ジュニア新書、ちくまプリマー新書など、中学生・高校生向けに平易な文体で書かれたシリーズもあり、右に挙げたような書籍がその一例である。書店や図書館に行き、何冊か手に取って気に入ったものを読んでみよう。過去に行われてきた優れた研究のなかには、1冊の新書を読んだところからスタートしたものも少なくない。

新書の例

『生物とコラボする
　──バイオプラスチックの未来』
工藤　律子
（岩波ジュニア新書）

『裁判所ってどんなところ？
　──司法の仕組みがわかる本』
森　炎
（ちくまプリマー新書）

練習問題❻　政府統計資料を調べてみよう

「小中高生のインターネット利用」

　インターネット利用者の年齢層は徐々に広がっており、若年層から高齢者にまで及んでいる。例えば、小中高生の利用状況はどうなのだろうか。国や地方公共団体が行った統計資料を探して、以下の項目について調べてみよう。

　①小中高生の1日のインターネット利用時間はどれくらいなのだろうか。

　②どのような目的でインターネットを利用しているのだろうか。

記入はノート P.12～13へ

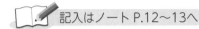

参照　P.4～5　文献調査
　　　P.13～15　さまざまなシンキングツール

🔍 資料の探し方

（1）「Google」の検索窓に、「小中高生」「インターネット利用」とキーワードを入れたあと、「site:go.jp」と入力してサイト指定し、資料を探す。

（2）適切な資料が見つかったら、ダウンロードしてプリントアウトする。

　（例）　内閣府 " 令和4年度 青少年のインターネット利用環境実態調査 "（2023年3月）

　https://www8.cao.go.jp/youth/youth-harm/chousa/net-jittai_list.html

📖 資料のまとめ方

（3）調査項目①と②について示されている箇所を探し、その部分を切り抜いてノートに貼る。資料から読み取りわかったことは書き出す。

（4）資料を読んでさらに知りたいこと、問題点などについても書き出して、それぞれを整理する。

💡 参考　統計資料利用のすすめ

　自分でアンケート調査を行う場合、限られた少数の人しか調査対象にできない。もっと幅広く、多くの人々の回答を知りたい場合、公開されている統計資料のなかに自分のほしい資料がないか、探してみよう。

　P.25 練習問題④で学んだ「サイト指定」の知識を使って検索すると、国や地方公共団体が行ったさまざまな統計資料を見ることができる。あなたが知りたいデータも、すでに調査済みかもしれない。どんどん活用していこう。

練習問題 ❼　アンケート結果をグラフにしよう

「学習実態に関するアンケート」

　ある学校で学習実態に関するアンケート（P.22 練習問題①参照）を実施したところ、下記のような集計結果が得られた。これを表計算ソフトでグラフに表し、わかったことを書き出してみよう。

（A）学習補助手段の利用について（全学年4月の調査結果、単位＝人）

	予備校・塾	家庭教師	通信添削	利用していない	回答者数
1年生	112	2	58	132	304
2年生	88	3	73	131	295
3年生	176	2	36	97	311

（B）いちばん時間をかけている学習内容について（全学年4月の調査結果、単位＝人）

	予習	復習	受験勉強	学習しない	回答者数
1年生	114	150	29	11	304
2年生	54	165	39	37	295
3年生	10	80	209	12	311

（C）1日の平均学習時間の推移（ある学年3年間の追跡結果、単位＝時間）

	1年生4月	1年生10月	2年生4月	2年生10月	3年生4月	3年生10月
学習時間	1.8	1.4	1.2	1.3	2.6	3.2

　※練習問題①と同じ「高校生の学習実態調査」をテーマに、集計結果の例を挙げているが、P.29 練習問題①の記入例の内容と必ずしも一致しているわけではない。

記入はノート P.14〜15へ

参照　P.17〜20　データのまとめ方

グラフ作成の注意点

（1）（A）、（B）については、学年間で回答者数が異なっているので、学年間比較ができるよう、数値を回答者数で割り、百分率に計算し直そう。

（2） グラフのタイプはいろいろ考えられるが、今回は（A）棒グラフの並列、（B）帯グラフの並列、（C）時間の経過を横軸にした折れ線グラフで考えてみよう。

ここからは、練習問題で作成したアンケート用紙や図表の記入例を示している。あなたが付属ノートに記入したものと見比べてみよう。

記入例❶ 練習問題① アンケート用紙「高校生の学習実態調査」

学習状況アンケート

回答欄

1. あなたの学年を回答してください。
   ①1年　　　　　②2年　　　　　③3年

   1 ☐

2. 部活動には入っていますか。
   ①運動部に入っている　　　　②文化部に入っている　　　　③部活動には入っていない

   2 ☐

3. 通学時間はどれくらいですか。
   ①20分未満　　②20分以上〜40分未満　　③40分以上〜60分未満　　④60分以上

   3 ☐

4. 予備校・塾、家庭教師、通信添削のいずれかを利用していますか。下記の選択肢のなかから該当する番号をすべて選び、記入してください(複数回答可)。
   ①予備校・塾　　②家庭教師　　③通信添削　　④利用していない

   4 ☐

5. 平日(土日以外)の家庭学習(予備校・塾等を含む)の状況について、回答してください。
   (1)1週間のなかで、家庭学習をする日数はどれくらいですか。
   　　①毎日　　　②3〜4日　　　③1〜2日　　　④家庭で学習はしていない

   5
   (1) ☐

   　　※以下は、5-(1)で④以外を選んだ人が回答してください。
   (2)家庭学習をする日は、1日平均何時間くらい学習しますか。
   　　① 30分未満　　　② 30分以上〜1時間未満　　　③1時間以上〜2時間未満
   　　④2時間以上〜3時間未満　　　⑤3時間以上

   (2) ☐

   (3)平日の主な学習内容は何ですか(複数回答可)。
   　　①授業の予習　　　②授業の復習　　　③進学や就職のための受験勉強　　　④その他

   (3) ☐

6. 休日の家庭学習(予備校・塾等を含む)の状況について、回答してください。
   (1)1日平均何時間くらい学習しますか。
   　　① 30分未満　　　② 30分以上〜1時間未満　　　③1時間以上〜2時間未満
   　　④2時間以上〜3時間未満　　　⑤3時間以上

   6
   (1) ☐

   (2)休日の主な学習内容は何ですか(複数回答可)。
   　　①授業の予習　　　②授業の復習　　　③進学や就職のための受験勉強　　　④その他

   (2) ☐

7. 学習を行う場所は、主にどこですか(複数回答可)。
   ①自宅　　　　②学校(自習室、図書館など)　　　　③予備校・塾
   ④公共の施設(図書館、公民館など)　　　　⑤その他

   7 ☐

ご協力ありがとうございました。

第2章 練習編：情報収集・分析スキルを身につけよう

練習問題② インタビュー「苦手科目の克服」

※ここでは、実際にインタビューしてみたらどのような対話になるかという一例を挙げている。

インタビュー前に確認したこと

実施日時	2019年7月19日(金)
対象者	A先生(第一高校、化学担当)
場所	化学実験室
記録者	宮本　たくみ
インタビューの目的	学生時代、どんな苦手科目があり、それをどのように克服してきたのかを聞く。

聞き手	今日はよろしくお願いいたします。今回は苦手科目の克服について伺っているのですが、A先生は、高校時代に苦手科目はありましたか。
A先生	ええ、もちろんありましたよ。実は今、自分の専門としている化学が、大の苦手だったんです。
聞き手	そうなんですか。それはとても意外です。なぜ苦手だと思われていたのですか。どんなところが難しかったのですか。
A先生	そうですね、理由は大きく2つあるかしら。1つは計算のややこしさですね。化学の問題では、モルやリットルなど単位の換算のために細かい計算をすることが多く、いやになりました。物理でも計算はあるけれど、それは自然現象を客観的に記述するために数式を使っているだけで、ちゃんと文字式を考えてから計算すれば、そんなに手間はかからないというイメージでした。2つ目は、覚える項目が多いということです。例えば無機の分野の問題では、いろいろな金属イオンの性質やイオン反応式とか、いろいろな気体の製法や化学反応式とか答えなきゃいけなくて、どれだけいっぱい暗記しなきゃいけないんだ、と怒りだしたいような気持ちでした。
聞き手	なるほど。その気持ち、わかる気がします。でも今、化学の先生をなさっているということは、もう苦手ではないということですよね。どのようにして苦手を克服されたのですか。
A先生	直接のきっかけは、1冊の本です。家で「化学がわからない」とぼやいていたら、兄が「じゃあ、これを読んでみれば」と、1冊の本を貸してくれたんです。盛口襄という人が書いた『実験大好き！　化学はおもしろい』という本だったのですが、その本を読んで、なぜ化学反応が起こるのか根本の原理みたいなものが、つかめた感じがしたんです。反応の基本ともいえる中和反応や酸化還元反応についてしっかり理解できたら、そんなにたくさんのことを暗記しなくても、理論的に考えて反応式を作れるんだということがわかったんですね。そしたら、今までややこしく絡みあっていたものがぱっとほどけた感じで、すっきりしたんです。
聞き手	すごいですね。でも最初におっしゃっていた計算のややこしさは、どう解決されたのですか。
A先生	わたしきっと根が単純なんですね。困っていた問題の1つが解決したら、ほかのこともなんとかなるような気がしてきて。たぶん第一印象で「こんな計算いやだ」と思ったのが、ずっと尾を引いていたんでしょう。「化学って意外とおもしろい」と思いはじめたら、前向きに取り組むことができるようになりました。結局「慣れ」の問題だったんですよ。いやだと思うからやらない、やらないから慣れない、慣れないからできない。マイナスの連鎖です。前向きに取り組んでみたら、とりあえず少しやってみる、やってみると慣れる、慣れるからできるようになる。今度はプラスの連鎖です。気がついたら、化学がいちばん好きな科

聞き手	目になっていました。 ぼくもそんなふうに、劇的に苦手が克服できたらいいなあと思います。いま苦手科目を持っている高校生に向けて、アドバイスをいただけますか。
A 先生	だれでも得手・不得手はあると思うので、そんなに偉そうなことは言えないですが、最初に「これはわからない」とか「これは難しい」と思い込んでしまうのが、問題なのではないかと思うんです。つまり、わたしが陥っていたマイナスの連鎖ですね。でも、そんなに深刻にならずぼちぼちやっていけば、意外となんとかなることも多いと思いますよ。あなたたちが好きなゲームだって、新しいステージに入ったばかりのころは慣れずに失敗ばかりしてしまうけど、何度かトライしているうちに慣れちゃうでしょ。それに難しいステージのほうがクリアした喜びは大きいですよね。だから、「わたしはこの科目が苦手」と決めつけずに、「そのうち楽しいと思えるかもしれない、好きになれるかもしれない」くらい楽観的に考えながら頑張ってほしいです。
聞き手	わかりました。少しでも気持ちを切り替えるのが大事だということですね。ぼくも今後、もう少し前向きに頑張ってみます。今日は貴重なお話をありがとうございました。

記入例❸　練習問題③　マトリクス表「SNS の歴史」

年代	変遷	概要と主な出来事	
2002 〜2005 年	SNS の登場	・当初の機能は単純 ・ユーザーが自分のページを掲載、相互承認したユーザーどうしがリンク	2002 年：Friendster 開設 2004 年頃：国内で Mixi や GREE 開設 2004 年：Facebook 開設（非公開）
2006 〜2010 年	SNS の巨大化とプラットフォーム化	・登録者の激増 ・アカウント情報を外部サービスの登録時に再利用 ・知人関係のネットワークをほかの目的に活用	2006 年：Facebook 一般公開開始 2007 年：Facebook ソーシャルグラフ機能提供開始 2010 年：Facebook ユーザー 10 億人突破
2011 年〜	さまざまな機能を持つ SNS の発展	・つぶやきを公開 ・写真を共有 ・グループチャット ・中国独自の SNS	Twitter（ユーザー 2.84 億人） Instagram（ユーザー 3 億人超） WhatsApp（ユーザー 7 億人） LINE（ユーザー 1.8 億人） ※日本、台湾、タイで人気 人人網（Facebook 型、ユーザー 1.36 億人） 微信（LINE 型、ユーザー 4 億人超） 微博（Twitter 型、ユーザー 1.67 億人） ※ユーザー数は、参照した資料内に記載されているもの

短所（予想される危険性）			トピック	長所（利点）			
生物多様性への影響はないか	食品としての安全性が保てるか	飼料としての安全性が保てるか		除草耐性作物	ウイルス抵抗性作物	害虫抵抗性作物	特定の栄養成分を増やした作物
①導入遺伝子が目的通り働いているか。②もとの植物と比べて大きさや形に変化はないか。③有害物質が生成されていないか。④野外での生育状態や越冬性に変化はないか。⑤交雑の程度がもとの作物と比べて変化していないか。	①もとの作物は食されてきたか。②組み込んだ遺伝子は何か。③新しく生成されるタンパク質が人間に有害であったりアレルギーを引き起こしたりしないか。④予想外の有害物質が作られていないか。⑤栄養素などの量が大きく変化していないか。	①新しく生成されたタンパク質が家畜に有害でないか。②新しく生成されたタンパク質や、家畜の体内で変化したタンパク質が畜産物を通じて人間に害を及ぼさないか。	遺伝子組換え作物	特定の除草剤に耐性を持つ。除草剤の使用量を減らし、生産者の手間を減らせる。	ウイルスに感染しにくく、作物の被害が防止できる。	特定の昆虫の幼虫が食べると死んでしまうタンパク質を生成する遺伝子が導入されていて、食害を防ぐ。人間に害はない。	高オレイン酸大豆→血中のコレステロール値を低下させる効果がある。高リシンとうもろこし→家畜の飼料。飼料に添加するアミノ酸の量を減らせる。

記入例❺　練習問題⑤　フィッシュボーン「景気安定の施策」

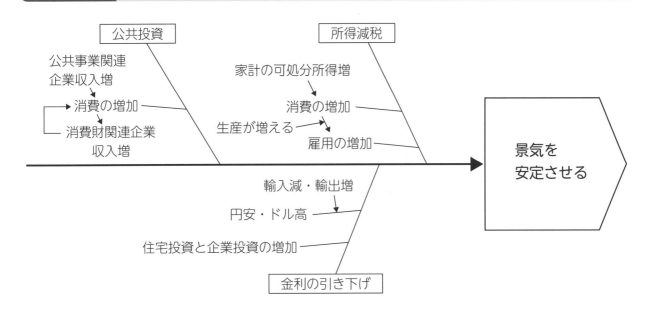

公共投資

公共事業関連
企業収入増

→ 消費の増加

└ 消費財関連企業
　収入増

所得減税

家計の可処分所得増

消費の増加

生産が増える →

雇用の増加

景気を
安定させる

輸入減・輸出増

円安・ドル高

住宅投資と企業投資の増加

金利の引き下げ

記入例❻　練習問題⑥　統計資料検索＆読み取り「小中高生のインターネット利用」

①小中高生の１日のインターネット利用時間はどれくらいだろうか。
　（例）　内閣府「令和４年度青少年のインターネット利用環境実態調査」P.14 より

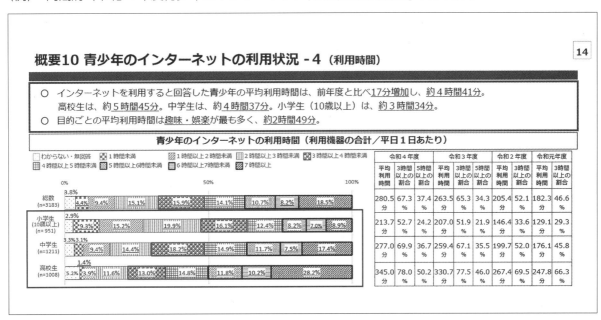

わかったこと	令和４年度のデータでは、 ・小中高生の１日のインターネットの平均利用時間は、年々増加している。 ・小学生は２時間以上３時間未満が、中学生は３時間以上４時間未満が最も多い。 ・高校生では利用時間が急激に増加し、７時間以上が最も多い。
新たな疑問	なぜ高校生になると、インターネットの利用時間が大幅に増加するのだろうか。

②小中高生は、インターネットをどのような目的で使っているのだろうか。
（例）　内閣府「令和4年度青少年のインターネット利用環境実態調査」P.11 より

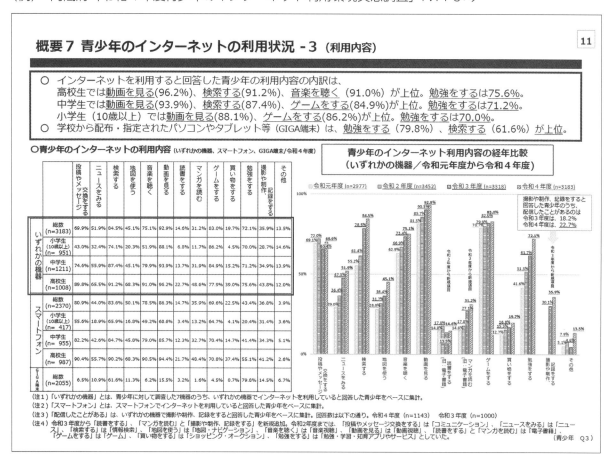

概要7　青少年のインターネットの利用状況 - 3 （利用内容）

○　インターネットを利用すると回答した青少年の利用内容の内訳は、
　　高校生では動画を見る(96.2%)、検索する(91.2%)、音楽を聴く (91.0%) が上位。勉強をするは75.6%。
　　中学生では動画を見る(93.9%)、検索する(87.4%)、ゲームをする(84.9%)が上位。勉強をするは71.2%。
　　小学生（10歳以上）では動画を見る(88.1%)、ゲームをする(86.2%)が上位。勉強をするは70.0%。
○　学校から配布・指定されたパソコンやタブレット等（GIGA端末）は、勉強をする（79.8%）、検索する（61.6%）が上位。

○青少年のインターネットの利用内容 （いずれかの機器、スマートフォン、GIGA端末/令和4年度）

		投稿やメッセージ交換をする	ニュースをみる	検索する	地図を使う	音楽を聴く	動画を見る	読書をする	マンガを読む	ゲームをする	買い物をする	勉強をする	撮影や制作、記録をする	その他
いずれかの機器	総数 (n=3183)	69.9%	51.9%	84.5%	45.1%	75.1%	92.9%	14.6%	31.2%	83.0%	19.7%	72.1%	35.9%	13.5%
	小学生 (10歳以上) (n= 951)	43.0%	32.4%	74.1%	20.3%	51.9%	88.1%	6.8%	11.7%	86.2%	4.5%	70.0%	28.7%	14.6%
	中学生 (n=1211)	74.6%	55.9%	87.4%	45.1%	79.9%	93.9%	13.7%	31.9%	84.9%	15.2%	71.2%	34.9%	13.9%
	高校生 (n=1008)	89.8%	65.5%	91.2%	68.3%	91.0%	96.2%	22.7%	48.6%	77.9%	39.0%	75.6%	43.8%	12.0%
スマートフォン	総数 (n=2370)	80.9%	44.0%	83.6%	50.1%	78.5%	86.3%	14.7%	35.9%	69.6%	22.5%	43.4%	36.8%	3.9%
	小学生 (10歳以上) (n= 417)	55.6%	18.9%	65.9%	16.8%	49.2%	68.6%	3.4%	13.2%	64.7%	4.1%	20.4%	31.4%	3.6%
	中学生 (n= 955)	82.2%	42.6%	84.7%	45.8%	79.0%	85.7%	12.3%	32.7%	70.4%	14.7%	41.4%	34.3%	5.1%
	高校生 (n= 987)	90.4%	55.7%	90.2%	68.3%	90.5%	94.4%	21.7%	48.4%	70.8%	37.4%	55.1%	41.2%	2.6%
GIGA端末	総数 (n=2055)	6.5%	10.9%	61.6%	11.3%	6.2%	15.5%	3.2%	1.6%	4.5%	0.7%	79.8%	14.5%	6.7%

青少年のインターネット利用内容の経年比較
（いずれかの機器／令和元年度から令和4年度）

（注1）「いずれかの機器」とは、青少年に対して調査した7機器のうち、いずれかの機器でインターネットを利用していると回答した青少年をベースに集計。
（注2）「スマートフォン」とは、スマートフォンでインターネットを利用すると回答した青少年をベースに集計。
（注3）「配信したことがある」は、いずれかの機器で撮影や制作、記録をすると回答した青少年をベースに集計。回答数は以下の通り。令和4年度 (n=1143)　令和3年度 (n=1000)
（注4）令和3年度から「読書をする」、「マンガを読む」と「撮影や制作、記録をする」を新規追加。令和2年度までは、「投稿やメッセージ交換をする」は「コミュニケーション」、「ニュースをみる」は「ニュース」、「検索する」は「情報検索」、「地図を使う」は「地図・ナビゲーション」、「音楽を聴く」は「音楽視聴」、「動画を見る」は「動画視聴」、「読書をする」と「マンガを読む」は「電子書籍」、「ゲームをする」は「ゲーム」、「買い物をする」は「ショッピング・オークション」、「勉強をする」は「勉強・学習・知育アプリやサービス」としていた。
（青少年 Q3）

わかったこと	・令和4年度における小中高生のインターネット利用の目的としては、「動画を見る」「検索する」「ゲームをする」「音楽を聴く」などが上位に挙げられる。 ・「投稿やメッセージ交換をする」「読書をする」以外の項目は、利用割合が年々増えている。
新たな疑問	①インターネット利用内容の多くの項目は、その割合が増えているにもかかわらず、読書としての利用割合が増えていないのはなぜだろうか。 ②学校から指定のパソコンやタブレットが配布され、勉強においてもインターネットを利用する場面が増えたが、小中高生はそれぞれどんなアプリを使って勉強をしているのだろうか。
問題点	小中高生のいずれにおいても、インターネットの利用時間が長いが、勉強や睡眠時間に影響していないのだろうか。また、外へ遊びに行ったり、本を読んだりする時間の減少につながっていないのか。

記入例 ❼　練習問題⑦　グラフ作成とまとめ方「学習実態に関するアンケート」

（A）学習補助手段の利用について

わかったこと

・各学年とも家庭教師の利用は少ない。
・各学年とも補助手段を利用していない人も多い。
・予備校・塾を使う人は3年生がいちばん多く、半数以上の人が使っている。

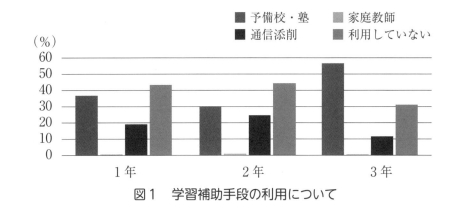

図1　学習補助手段の利用について

（B）いちばん時間をかけている学習内容について

わかったこと

・3年生では、3分の2の人が受験勉強にいちばん時間をかけている。
・1〜2年生では、復習にいちばん時間をかけている人が多い。
・学習をしない人は2年生がいちばん多い。

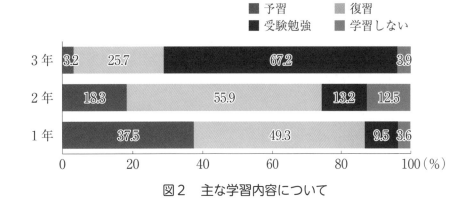

図2　主な学習内容について

（C）1日の平均学習時間の推移

わかったこと

・入学してから2年生の4月までは、学習時間が徐々に減っている。
・2年生の10月から、学習時間は一気に増えている。
・最大値と最小値の差は、2時間ほどある。

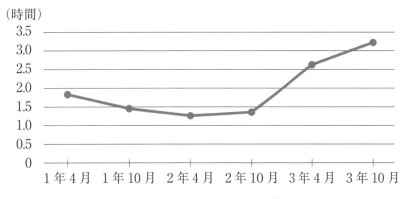

図3　1日の平均学習時間の推移

第2章　練習編：：情報収集・分析スキルを身につけよう

探究学習に役立つ参考図書

『学びの技―14歳からの探究・論文・プレゼンテーション』
後藤芳文・伊藤史織・登本洋子著　玉川大学出版部　1,760円(税込)

研究テーマの決め方から情報収集の方法、探究マップなどのツールを活用した
論文の書き方、プレゼンテーションの効果的な工夫など、探究的な学習に必要
な「技」を見開き形式でわかりやすく紹介する。

『最新版　論文の教室―レポートから卒論まで』
戸田山和久著　NHK出版　1,540円(税込)

論文のアウトラインの作り方や主張の説得力を高めるためのコツ、インターネ
ットなど情報へのアクセス方法を詳しく解説した、論理的な文章を書くための
ノウハウを伝授する論文入門書。

ブレインストーミングの紹介

　「ブレインストーミング」とは、複数の人が集まり多くのアイディアを出し合い、新しい
アイディアを生み出す話し合いの方法である。チームや班で探究学習に取り組むときのアイ
ディア出しの方法として役立つので、ぜひ活用してみよう。
　「ブレインストーミング」には以下のようなルール
がある。

　　①**質より量を重視する**
　　②**自由に発言する**
　　③**アイディアは簡潔に**
　　④**批判しない**

人工知能（AI）を軸にした
ブレインストーミングの例▶

　大切なのは、じっくり考え込んでよりよいアイディアを生み出そうとするのではなく、シ
ンプルに思いついたことを生かすということだ。「間違っているかもしれない…」と恥ずか
しがって発言を控えたり、ほかの人の意見を否定したりしないように気をつけよう。

【ブレインストーミングのやり方】
1．司会進行役か、書記係を設ける。
2．ホワイトボードもしくは大きめの紙と、ふせんなどたくさんの小さなカードを用意する。
3．挙手制、順番制などルールを決めてから、たくさんのアイディアを自由に出し合う。
4．出たアイディアは、書記係がひたすら書いていく。
5．似たアイディアどうしを近い場所に移動させて、見た目でわかりやすいように整理する。
6．アイディアどうしに順序や関連性がある場合も、わかりやすいように整理する。
7．どのアイディアが自分たちの探究学習に使えそうか選択する。

第3章 実践編

目標 自分で設定した問いに取り組もう

● 第3章の概要＆学習目標

探究学習のなかで最も難しいとされるのが、「自ら課題を発見・設定する」というプロセスです。皆さんは日常生活のなかで、さまざまなことに関心を向ける習慣を持っているでしょうか。例えば、「○○という考えが一般的とされているが、本当にそうだろうか」、「アメリカでは△△なのに、なぜ日本では〜〜なのか」といった疑問や問題意識を普段から持っている人は、その問題意識を探究テーマにつなげることができるのです。

今まであまり疑問や問題意識を持たずに過ごしてきたという人は、探究学習という機会に、いろいろなことにアンテナを張るようにしましょう。ニュースや新聞を見たり、書店で話題の新書を見つけたりすることも、課題を見出すことにつながります。さらに、学校の授業で習った内容にたまたまピンとくることもあるかもしれません。このように、身近な問題に目が向けられるようになるなど、探究学習を通して、日常の過ごし方や学びに向かう姿勢を変えることもできるのです。

第3章は、大きく2つの内容に分かれています。

◆**第1・2節**：探究テーマを決め、そこから問いを設定するための手順と、「探究計画書」の作成について解説していきます。

◆**第3節**：テーマ設定をサポートするための参考資料を載せています。ここでは、探究テーマにつながる現代社会の問題と、その背景を考えるために押さえておきたい重要テーマを 10 分野に整理しています。さらに、「将来や自己理解」を軸とした進路探究についても紹介しています。ここで紹介しているテーマを参考に、自分（たち）の探究テーマ・問いを決め、付属『探究学習実践ノート』を使って、いよいよ探究学習をはじめていきましょう。

探究テーマの決め方・問いの作り方 ……………

　本書では、自分(たち)が取り組もうとする領域を表すものを**探究テーマ**と呼び、探究テーマのなかから絞り込んだ具体的な論点「なぜ〜なのか？」に相当するものを**問い**と呼ぶ。論点をより具体的にすればするほど、より深い考察が可能になる。ここでは、探究テーマの見つけ方や問いの作り方を学んでいこう。

1 探究テーマを探す手順

👆 これから探究テーマを探す…という場合

　P.45「探究テーマ例一覧」や P.46 〜 67「テーマ設定のための参考資料」を読んで、まずは興味・関心のあるテーマを探してみよう。

👆 具体的な疑問点や問題意識をすでに持っている…という場合

　第1章で学んだ文献調査などの手法を生かしつつ、次の(1)〜(5)の手順で自分が抱く疑問や問題意識をさらに明確にし、探究テーマを決めよう。

(1) 身近な情報源を活用しよう

　授業を受けたり、部活動をしたり、友だちと遊んだり、家族と話したり、日々の生活を送るなかで関心を抱いた事柄について、さまざまな情報源を活用しながら情報を集めてみよう。

情報源	利点	注意点	探し方・入手場所
新聞	●最新の情報を得られる。 ●図書館を利用すれば、過去の資料もさかのぼって閲覧できる。 ●地域欄は、地域の課題について情報を集めやすい。	●同じトピックでも新聞社の論調によって書き方が異なってくるため、比較・検討が必要になる。	●図書館 ●各新聞社のウェブサイト ●リサーチ・ナビ
本・雑誌	●特定のテーマを体系的に学べる。 ●新聞やインターネットニュースなどに比べて、詳しい情報を得られることが多い。	●引用・参考文献を含まない本や雑誌は、信ぴょう性に欠ける場合がある。	●図書館 ●書店
学術書・学術論文	●あるテーマについて、専門的な知識を得やすい。	●内容が高度すぎて、利用しづらい面がある。	● Google Scholar ● CiNii ●大学の図書館
テレビのニュース	●比較的、楽に情報を得られる。 ●複数のコメンテーターによる、さまざまな見解を同時に入手できる。	●同じ情報に再び接することが難しい。 ●踏み込んだ情報を得ることが難しい。	●テレビ ●テレビ局のウェブサイト
インターネットニュース	●新聞よりもさらに最新の情報を得やすい。 ●知りたい情報に比較的簡単にアクセスできる。	●一定期間の後、消去される可能性がある。 ●匿名性の高い情報は信ぴょう性に欠ける。	●検索エンジンサービス ●ニュースサイト ●SNS(発信元の信頼性の確認が必要)
ドキュメンタリー映像	●視覚や聴覚を用いて情報を得られるので、理解しやすい。 ●特定のテーマについて掘り下げて取材されているものが多い。	●取材者の立場によっては、偏った情報しか得られない場合がある。	●テレビ ●テレビ局のウェブサイト ● DVD

（2）文献リストを作成しよう

　情報を集めたら、文献リストを作成してみよう。どんな資料があるかを確認できるだけでなく、あとで情報を再確認したいときや、他者と情報を共有するうえでも役立つ。また、計画書や論文を作成したり、プレゼンテーションやポスター発表をしたりするときにも、参考文献リストとして活用できる。

（3）キーワードを抜き出そう

　集めた情報のなかから、「意味がよくわからない語句」や「重要な語句」を中心に、キーワードを抜き書きしてみよう。

（4）気になったキーワードを調べよう

　キーワードには、意味や定義がはっきり定まっているものと、あいまいなもの、立場などによってとらえられ方がさまざまなものなどがある。意味や定義が不明確なものについては、辞書やインターネットなどで調べ、確認しておくとともに、自分（たち）自身で仮の定義づけを行ってみよう。

（5）イメージマップで理解を深めよう

　イメージマップとは、テーマやキーワードからイメージしたことをつないで図式化したものである。

【イメージマップの作成手順】
　①大きな紙を用意し、中央に検討したいキーワードを書き丸で囲む。
　②キーワードから思いついた言葉・文章・イラストなど、頭に浮かんだことをそのまま周囲に書こう。
　③つながりのある言葉どうしを線でつないでいく。
　④線でつながらないアイディアは空いているスペースにどんどんメモを取ろう。気になる言葉に丸を付けたり線で強調して、キーワードの理解を深めていこう。

〔イメージマップの例〕

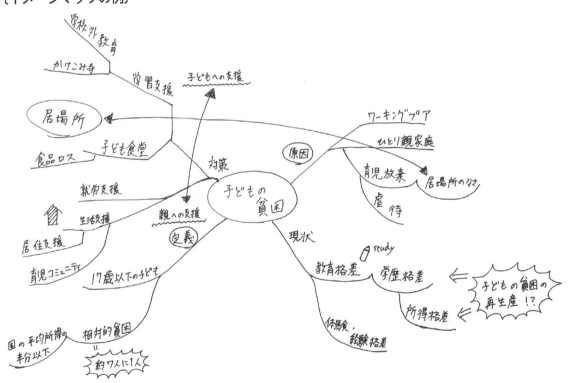

（6）探究テーマの決定

　（1）～（5）のプロセスをくり返して、これまでに調べて理解を深めた内容から、自分（たち）が取り組みたい探究テーマを決めよう。テーマが定まったら、続いて「問い」を作ろう。

2 「問い」を作る手順

探究テーマを決めたら、次に「問い」を設定しよう。探究学習は、明確な「問い」を立て、それに対する「答え」を見つける作業ともいえる。

（1）先行研究・事例にあたってみよう

興味・関心を抱いたテーマについて、これまでにどのような研究や取り組みが行われており、すでに何が明らかになっているのかを調べてみよう。探究テーマに関連する新聞記事や本を図書館で調べたり、インターネットの検索エンジンを利用したりするとよい。

先行事例を探すにあたり、官公庁が公表している情報の場合は、関連する省庁が出しているウェブサイト上の情報や報告書を調べよう。会社やNGO、NPOなどの民間が公表している情報の場合は、関連団体や関係者に問い合わせたり、インターネットで検索したりするとよい。なお、手に入れた資料に手当たりしだいあたっていると、時間がいくらあっても足りない。次の4つの観点を確認しよう。

①そのテーマのなかから、どのような「問い」が立てられているのか。
②どのような研究手法が用いられているか。
③その研究や事例を通して新たに知ったことや、理解が深まったことは何か。
④その研究や事例を通して疑問がわいた点や、不十分だと感じた点、ひらめいた点はないか。

（2）先行研究や先行事例を調べて、関心を持った点や疑問点を掘り下げよう

先行研究・事例にあたるなかで抱いた疑問や、関心を持った点についてさらに掘り下げ、具体化しよう。そのときに有効なのが、疑問詞（5W1H）を組みあわせて、実際に疑問文を作ってみることだ。

例）テーマ：若年層の「スマホ依存」について

最初の問い		最初の問いから生じるさらなる問いの例
だれ？ Who		若年層のなかでもどんな人たちが「スマホ依存」に陥りやすいのか。
どういう意味？ What		どんな状態にある若年層の人たちを「スマホ依存」というのか。
いつ（から／まで）？ When		いつから若年層の「スマホ依存」が問題視されているのか。
どこで？ Where		他国では、若年層の「スマホ依存」は問題になっているのか。
なぜ？ Why		なぜ若年層が「スマホ依存」に陥ってしまうのか。 なぜ若年層の「スマホ依存」が問題なのか。
How	どういう経緯？	どのような過程で、若年層は「スマホ依存」になるのか。
	どうなっている？	スマホ依存の若年層は、現状多いのか。
	どうやって？	若年層の「スマホ依存」を解決するにはどうすればよいのか。
	どうすべきか？	若年層はスマートフォンとどのように付きあうべきか。

（3）作った問いを検証してみよう

　「問い」の形にはなっていても、探究学習の「問い」としてはふさわしくないものもある。次に挙げるNG例にあてはまっていないかどうかを確認しよう。

NG!

①問いが大きすぎる…「自由とは何か」「死とは何か」
②予想・予言の類になっている…「今後公開予定の映画『〇〇』は興行収入1億円を突破するか」
③「How to」ものになっている…「どうすればお金持ちになれるか」「美しく痩せる方法とは」
④調べたことの羅列になっている…「世界にはいくつ宗教があるのか」
⑤調べればすぐにわかる…「最も画数の多い漢字は何か」
⑥そもそもの前提が誤っている…「タコの足はなぜ10本なのか」

（4）仮説を立ててみよう

　「問い」が定まったら、次に「仮説」（＝答えの予想）を立ててみよう。

（例）　問い：音楽は睡眠にどのような効果をもたらすか。
　　　仮説：「音楽は精神的、身体的に影響を及ぼす」といわれているので、入眠前に聞く音楽によって入眠時間や睡眠の質に差が生じる可能性がある。

■仮説を立てる理由
①「問い」の妥当性を確認するため

　仮説がまったく立てられない場合は、「問い」そのものに問題がある場合が多い。例えば、「問い」に具体性が欠けている、探究テーマに関する知識や理解が不十分であることなどが原因の場合がある。

②探究学習の方向性を明確にするため

　仮説を立てれば、どのような調査や実験が必要となるのか、ある程度の方向性が見えてくる。逆に、仮説を立てずにやみくもに調査や実験を行うと、まず何に着手しなければいけないのか、何が必要なのかがわからず、無駄な調査や実験を行ってしまうことにもなりかねない。

■仮説を立てる際の注意点
①できるだけ根拠を示そう

　根拠を示しながら仮説を立てることで、より役に立つ調査や実験方法を決めることができる。

②検証可能かどうかを考えよう

　調査や実験が実行不可能な仮説が立ってしまったら「問い」を考え直し、実際に調査や実験が行えるように仮説を立て直そう。

③複数の仮説を立ててみよう

　なるべく複数の仮説を立てよう。そうすれば、1つの仮説がはずれた場合であっても、なぜその仮説がはずれたのかを検証しながら次の仮説の妥当性について検証することができるため、引きつづき探究学習を前に進めていける。

■探究学習をどのような手順で進めていくのか、自分(たち)の探究の目的や進め方を明確にするために、探究計画書を書いてみよう。その際、自分(たち)だけがわかるような計画書ではなく、テーマや進め方、探究を進める意義が他者に伝わり、アピールできるような計画書にすることが大切だ。

1 探究計画書の基本構造

■書かなければならないことがある程度決まっているので、まずは基本の構造を押さえよう。

　所属や名前などのほかに、以下の5つの要素を、レポート・論文を書くときの表記・表現のルールにしたがって書くとよい(P.77 [表記・表現上の注意点] 参照)。なお、特に指定がなければ、A4用紙1〜2枚程度にまとめればよい。

> （1）タイトル
> 　　学年・組・番号　名前
> 　　　　　　　　担任　名前
>
> 　（2）探究の背景
>
> 　（3）探究の目的・意義
>
> 　（4）探究の方法
>
> 　（5）参考資料

（1）タイトル

　タイトルは、探究学習の顔になる部分だ。なるべくわかりやすく簡潔な言葉を使って、短文で示そう。「なぜ〜か」や、「〜のためにはどうすればよいか」など、探究の問いを直接タイトルとして示すほうがわかりやすく、読み手の印象にも残りやすい。一方、よく見受けられるのが、「〜について」や「〜に関する考察」といった表現だ。これらは探究テーマそのものに相当するものであり、ポイントが絞り切れていないことからやや漠然とした印象を読み手に与えるので、使わないほうがよい。タイトルには「？」「！」「…」などの記号はもちろん、句読点もつけないようにしよう。

（2）探究の背景

　なぜ自分がその探究テーマに関心を抱いたのか、動機を述べよう。その際、そのテーマをめぐる現状やそのテーマに関する代表的な先行研究など、必要な情報を紹介しておこう。

（3）探究の目的・意義

　探究テーマのなかから、タイトルと対応させどのような問いを立てたのかを示そう。また、この探究学習で何を明らかにしたいのかということだけでなく、それを明らかにすることにはどのような意義があるのかについても示しておこう。

（4）探究の方法

　自分が立てた問いに対して、どのような方法を使って調査や実験、考察を行うのかを具体的に記そう。次に示す6点を確認しながら書き進めていこう。

①探したい文献の情報を把握しており、入手可能かどうかについても確認できているか。
②書かれている調査方法や実験方法を読めば、第三者がその調査・実験を同じように行える内容になっているか。
③自分（たち）が立てた問いにきちんと答えられるような調査・実験方法がとられているか。
④日程や人員、必要な準備物は用意できており、期限内に実行可能な方法がとられているか。
⑤調査・実験から得られた結果を分析する方法について示されているか。
⑥プライバシーへの配慮や、調査・実験に伴う安全管理などについてきちんと考えられているか。

（5）参考資料

　主に使用する予定の参考文献や引用文献について、一覧にして示そう。

2　探究計画書を書くときのポイント

（1）第三者からのアドバイスをたくさんもらおう

　自分が探究しようとするテーマについて、どこに焦点を当てればよいか、また、どのように探究学習を進めていけばよいかということなどについて、先生たちからなるべくたくさん意見をもらっておこう。問いをうまく立てることができ、手順がしっかりイメージできるようになれば、計画書は書きやすくなる。

（2）問いの重要性をアピールしよう

　自分が立てた問いがどれほど重要なものか、すでに行われてきた先行研究に触れながら具体的に示そう。次の3点を示せば、客観的に問いの重要性やおもしろさをアピールできる。

①自分（たち）が立てた問いに対し、これまでにどのような研究が行われてきたのか。
②何がどこまで、すでに明らかになっているのか。
③明らかになっていない部分や未解決の部分、再検討が必要な部分はどこにあるのか。

（3）探究学習の目的を明確にしよう

　自分（たち）が探究学習を通じて何を明らかにしたいのか（問いの「答え」に当たるもの。この段階では、仮説に当たるもの）、目標とするゴール地点を示しておこう。

（4）調査や実験の実行可能性を示そう

　どんなに重要な問いを立てても、調査や実験が行えないようでは意味がない。計画通り調査や実験を行えば、問いの答えが見えてくるということを、調査方法を具体的に説明することによって示そう。

探究計画書作成例

（1）タイトル
第一高校の生徒として正しいインターネット・リテラシーを身につけるには

1年3組33番　宮本　たくみ

担任：△△

（2）探究の背景（探究テーマとして選んだ動機、そのテーマに関する代表的な先行研究など）

　近年、スマートフォンやパソコンを使ってインターネットを利用する高校生は非常に多い。第一高校の生徒も、授業やプライベートでよく利用する。しかし、正しい使い方やマナーについてはあまり理解できておらず、トラブルが生じたり、大きな問題に発展したりするケースがある。

（3）探究の目的・意義（この探究学習で何を明らかにしたいのか、それを明らかにすることにはどのような意義があるのかなど）

　今回の探究学習の目的は、どうすれば第一高校の生徒が、インターネット・リテラシーをきちんと身につけることができるかを考えることである。

　この探究学習での成果を生かして、第一高校の生徒がインターネットを有意義に活用できるようになるところに、この学習の意義がある。

（4）探究の方法（どのような方法を使って調査や実験、考察を行うのかなど）

　まずは文献調査によって、一般に高校現場でインターネットを利用する際のマナーやエチケットが、だれによってどのように教えられているのか、成果や問題点について調べる。一方で、インターネット・リテラシーが不十分であったために高校生の間で生じたトラブルや事件の事例についても調べる。そのうえで、第一高校ではどのようなインターネット・リテラシー教育が行われてきたのか、どのような課題があるのかを、教員3名にインタビューする。

　次に、各学年100名を対象に、インターネットの利用状況、トラブルに巻き込まれた経験、インターネット・リテラシーを身につけるためには日ごろからどのような心がけや取り組みが重要だと考えるかについて、アンケート調査をする。アンケート調査期間は2週間とする。

　最後に、第一高校の教員へのインタビュー調査、および計約300名の生徒へのアンケート調査の結果をもとに、第一高校のより多くの生徒が楽しくインターネット・リテラシーを身につけられるような方法を考え、提案する。

　なお、この探究学習を進める際には、インタビュー相手やアンケート調査に協力してくれた人たちのプライバシーに対して十分に配慮し、成果をまとめたあとは速やかにデータを消去する。

（5）参考資料（探究計画書をまとめるなかで使用した参考文献や引用文献など）

藤川大祐『学校・家庭でできるメディアリテラシー教育——ネット・ケータイ時代に必要な力』金子書房、2011年

総務省「情報通信白書」

　次のページから、11 の分野ごとに探究テーマ設定のためのヒントとなる情報を紹介する。これらを参考にしながら、自分(たち)が取り組みたいテーマを見つけ出そう。

● 探究テーマ例一覧

系統	分野	テーマ
人文科学系	国際問題・異文化理解 ➡P46〜47	グローバル化　　世界の人口増加と食料危機　　国際協力 在留外国人　　日本における外国人労働者をめぐる問題 訪日外国人　　インバウンド　　日本と近隣諸国との関係 異文化理解　　おもてなし　　多文化共生　　文化相対主義
	日本語・日本人 ➡P48〜49	日本語の変化と乱れ　　タテ社会　　国際社会から見た日本文化 ポップカルチャー　　敬語表現　　世間体　　日本社会の特徴 伝統文化　　クールジャパン　　日本の文化政策
	教育 ➡P50〜51	これから求められる力　　グローバル人材　　教育の地域間格差 生涯学習　　地域社会との連携　　子どもの多様性　　英語教育 ICT 教育の普及　　学校現場が抱えている問題　　教育格差
社会科学系	生活・社会 ➡P52〜53	少子高齢化　　人口減少の影響　　女性の社会参加 地方の過疎化　　農業従事者の減少　　食料自給率の低下 ワーク・ライフ・バランス　　格差社会　　夫婦別姓　　ダイバーシティ 食の安全　　LGBTQ　　子どもの貧困　　防災・減災
	福祉 ➡P54〜55	超高齢社会　　高齢者の孤立防止　　共生社会　　ボランティア QOL（生活の質）　　自助・共助・公助　　社会保障制度 ノーマライゼーション　　バリアフリー　　医療費の増大
	政治・経済 ➡P56〜57	18 歳選挙権　　投票率の低下　　政治離れ　　主権者意識 財政問題　　司法制度　　憲法改正論議　　死刑廃止論 働き方改革　　企業の社会的責任（CSR）　　グローバル経済 日本の経済情勢の変化　　女性が働きやすい環境　　ハラスメント
自然科学系	科学技術 ➡P58〜59	バイオテクノロジー　　原子力発電　　グリーン・テクノロジー 人工知能（AI）　　ビッグデータ　　ロボットの活用　　自動運転 科学技術の功罪　　ゲノム編集技術　　遺伝子組換え食品
	医療・看護 ➡P60〜61	バイオエシックス（生命倫理）　　生活習慣病　　治療と仕事の両立 医療従事者とのコミュニケーション　　健康的に長生きするには 医療と人工知能　　倫理的課題　　メンタルヘルス　　予防医学
分野横断系	環境 ➡P62〜63	地球温暖化　　未来の世代の生活　　環境倫理　　自然との共生 地球の有限性　　循環型社会の形成　　再生可能エネルギー ライフスタイルの転換　　3R　　エシカル消費 持続可能な開発　　放射性物質と環境汚染　　エコロジー
	情報・メディア ➡P64〜65	インターネット　　ビッグデータ　　メディアリテラシー　　情報社会 SNS　　個人による情報発信　　IoT（Internet of Things） 情報モラル　　著作権　　情報セキュリティ　　個人情報保護法
進路探究	将来、自己理解 ➡P66〜67	目標とする職業・進路　　長所・短所　　自己肯定　　社会貢献 好きなこと／得意なこと　　これから学びたいこと　　興味のある分野

国際問題・異文化理解 を考えてみよう

　グローバル化する世界では、さまざまな問題が起こっている。そのほとんどは、政府レベルで対応しなければならない大きなものだが、身近なところにも考えるべき国際的な問題、異文化は存在している。日本は、コロナ禍以前から「観光立国」を掲げており、**インバウンド**（訪日外国人旅行）需要の拡大を図っている。日本を訪れる外国人は、何を求めているのか、どのような配慮が必要なのか、日本をどう感じたのかについて調べてみることは、**異文化理解**の探究テーマとなりそうだ。また、日本の労働力不足を背景にして、日本で働く**外国人労働者**も年々増えている。在留外国人と日本人の生活習慣の違いによるトラブルなど、課題も多いのではないだろうか。異文化理解・**多文化共生**の視点で、探究テーマを探してみよう。

キーワード

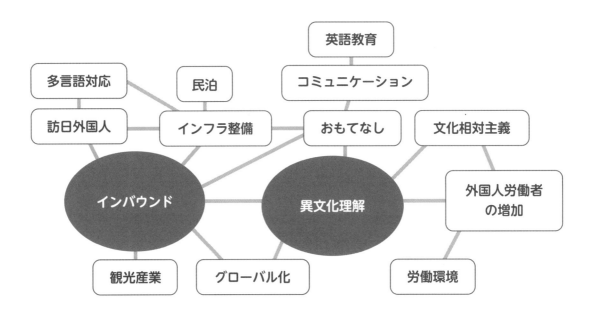

課題（問い）を見つけるための着眼点

①異文化理解を軸に考える場合：生まれ育った国の文化によって、同じものを見ても感じ方は異なる。日本人は、刺身をおいしいと感じるが、生の魚を食べない国の人もいる。例えば、「食」というテーマで、何をおいしいと感じるかを調べてみることも、異文化理解につながる探究となるだろう。

②インバウンドを軸に考える場合：インバウンド需要の拡大を図り、訪日外国人数が増えることで、どのようなメリット・デメリットがあるか、また受け入れる側にどのような課題があるかについて考えてみよう。白書などのデータを活用していくとよい。

③外国人労働者の増加を軸に考える場合：少子高齢化が深刻化している日本では、外国人労働者は非常に重要な存在だ。しかし外国人労働者側にも、受け入れる日本社会側にもさまざまな問題が生じている。文献調査はもちろん、外国人労働者の多い地域に住んでいるなら、アンケート調査やインタビューで実態を調べてみよう。

参考文献

■外務省「外交青書」…国際情勢の推移や、日本が行ってきた外交活動の概観をとりまとめたもの。

■国土交通省「観光白書」…観光の状況や、政府が観光に関して行った施策をまとめている。

■『改訂版 多文化共生のコミュニケーション 日本語教育の現場から』（徳井厚子著 アルク）…留学生に対する日本語教育を異文化コミュニケーションの現場ととらえ、具体的事例から多文化共生を解説する。
■『Newsweek 日本版 2018年4月24日号特集 技能実習生残酷物語』（CCC メディアハウス）…斡旋業者と日本企業の両方から搾取される技能実習生の実態をレポート。
■『英語を学べばバカになる グローバル思考という妄想』（薬師院仁志著 光文社）…著者は、英語は異文化理解のための国際標準ではないと主張する。

> ✎ **メモ欄** ※思いついたことを自由にメモしよう！

小論文入試とのつながり

　入試出題テーマとしては、国際情勢の理解と異文化理解が大きな軸として挙げられる。増加する訪日外国人関連では、「観光地での外国人観光客の実態と、おもてなしの工夫について」など、現状の課題と改善策を問う出題が多い。日常生活で接する訪日外国人を対象としてアンケート調査を行ったり、国土交通省「観光白書」を調べたりするとよいだろう。外国人労働者の増加については、「偏見や差別をなくすには」「受け入れには何が必要か」といった、共生社会を築くための課題を問う出題が見られる。「グローバル化」「文化・宗教」など、キーワードを決めて探究学習を進めてみよう。

　異文化理解の前提として、「外国にどんな日本文化をアピールすべきか」など、日本文化についての知識を問われる出題もある。自国についての知識もしっかりと身につけておきたい。

大学での学びとのつながり

　国際問題を学ぶ場は、政治学、経済学、平和学、観光学など幅広い分野にまたがっている。外国人と日本人の文化交流・文化摩擦に関する問題は、異文化理解の中心的なテーマであり、社会学、コミュニケーション学などがカバーする分野である。授業は、講義だけでなく、グループでテーマを決めて研究し、発表するといった形が取られることも多い。ディスカッションは、グループ内での自分と他者の違いを発見し、身近な異文化を理解するための、コミュニケーション実践の場としても位置づけられている。

　外国語学部は、専攻する言語のみならず、言語を生み出した国や地域の歴史・文化・政治経済、社会のしくみや現状、進行するグローバリゼーションに関する理解を深めることが、学びの大きな柱である。広く世界に興味を持ち、積極的に他者と交流する姿勢が求められる。

日本語・日本人 を考えてみよう

　日本語は、時代とともに変化してきたものだが、**言葉の変化**を「乱れ」だと批判的にとらえる立場もあれば、社会の変化に伴うものとして柔軟に受け入れる立場もある。日本文化は、外国の文化を取り入れ、それを独自の感性で洗練させてきた。近年は、日本独自の**伝統文化**だけでなく、アニメやゲームなどの**ポップカルチャー**も海外で人気が高まっている。また、日本人は和を優先する社会共同体を作ってきた。個としての自分よりも、**集団**の一員としての自分を強く意識するのも、日本人の特徴である。こうした日本語の変化、日本文化・日本社会の成り立ちを調べてみるのもおもしろいだろう。

🔍 キーワード

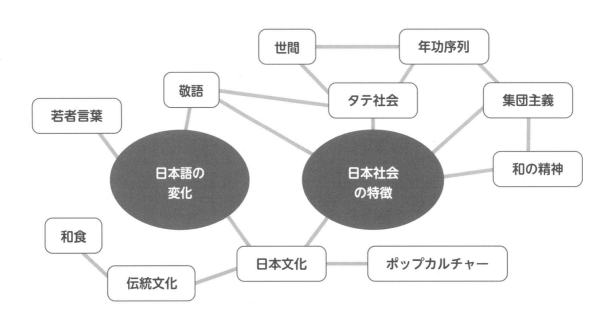

🔍 課題（問い）を見つけるための着眼点

①**日本語の変化を軸に考える場合**：もともとは誤用だったものが、時代とともに意味や用法が変化して、それが定着して一般化している日本語も少なくない。本来の意味から大きく変化した言葉にはどのようなものがあるだろうか。言葉の変化を肯定的にとらえる人／否定的にとらえる人の、考え方の違いは何かに着目してみよう。

②**外国人が注目する日本文化を軸に考える場合**：茶道・華道や和食などの伝統文化だけでなく、近年はアニメやアイドルなど、日本で独自に進化を遂げた文化が、「クールジャパン」として評価されている。日本文化のどのような部分が外国人に受け入れられているのか、考えてみよう。

③**「集団主義」「タテ社会」を軸に考える場合**：日本人は、和を重視し世間の動向を気にしながら行動する。また、集団のなかでの序列を重んじる「年功序列制」も、日本社会の特徴といえる。このような日本人・日本社会の特徴はどのようにして生まれたのか、その経緯と歴史に着目してみよう。

参考文献

■文化庁「敬語の指針」…敬語についての考え方や、具体的な使い方について解説している。

■内閣府「クールジャパン戦略」…国のクールジャパン戦略の最新状況が載っている。

■『現代語訳　武士道』（新渡戸稲造著　筑摩書房）…日本文化を武士道の義・勇・仁・礼・信・名誉・忠義で説明する。外国人のために英文で書かれたものの現代日本語訳版である。
■『NHK「COOL JAPAN」かっこいいニッポン再発見』（堤和彦著　NHK出版）…NHKの人気番組を書籍化。外国人の若者が、日本のどんなところをクールと思っているのか、生の声を収録している。
■『司馬遼太郎対話選集3　日本文明のかたち』『同4　日本人とは何か』（司馬遼太郎著　文藝春秋）…ドナルド・キーン、山本七平、鶴見俊輔らとの対談を通して、日本と日本人の本質にせまる。

✎ **メモ欄**　※思いついたことを自由にメモしよう！

小論文入試とのつながり

日本語に関する入試出題テーマは「敬語」「言葉の乱れ」「外来語の存在理由」など、変化しつつある言葉の使い方に関して、どう考えるかを問うものが多い。自分たちが日常使っている言葉が、ほかの世代で通じるかどうかなど、アンケート調査してみよう。日本人に関するテーマでは、「波風を立てることを嫌う国民性」「学歴中心主義」「世間」「忖度」など、集団の和を重視し、序列で社会秩序を維持しようとする国民性について問われる。外国人との比較から日本人の特性を考えてみよう。また、「日本文化の海外への発信」「外国人に伝えたい日本文化」について問う出題もある。まずは世界に誇れる日本文化とは何か、自分自身が知っておくことが大切だ。日本文化に関する文献や資料を調べて、考えてみよう。

大学での学びとのつながり

近年は外国人労働者や留学生の増加により、外国人に日本語を教える日本語教師の活躍の場が広がっている。こうした語学としての日本語を学ぶには、日本語学、国語教育学、言語学などを専攻することが多い。日本人・日本文化については、歴史（日本史）学、社会学、文化学、国際文化学、比較文化学、民俗学などで学べる。また日本文化は、外国語・異文化理解の授業や海外研修などが充実した国際学部のなかで学べる場合も多い。観光産業で活躍したい人にとっては、日本の伝統である「おもてなし」の心を学べる分野でもある。日本文化を学ぶことは、日本人としてのアイデンティティを確認し、国際的視野を持ったグローバル人材をめざすことでもある。日常生活のなかで世界と日本の生活文化の違いに目を向けるようにしたい。

教育 を考えてみよう

　日本の教育は、その時々の社会の要求に応えるために常に変革を求められてきた。詰め込み教育への反省と「生きる力」の育成のためゆとり教育が推進されたが、学力低下問題が起き、さらなる改革が図られているという状況だ。近年は学力の向上とともに、世界に通用する**グローバル人材の育成**が課題とされ、小・中・高校を通じて**英語教育**が強化されている。一方、親の収入や生まれ育った環境により受けられる教育が制限され、低学力・低学歴に陥る**教育格差**の問題や、**いじめ・不登校**など、学校現場が抱える問題も多い。今、実際に教育を受けている立場である高校生にとっては最も身近な問題ともいえるが、それだけに扱いにくさもあるだろう。客観的なデータをもとに、今後の教育のあるべき姿を考えていきたい。

🔍 キーワード

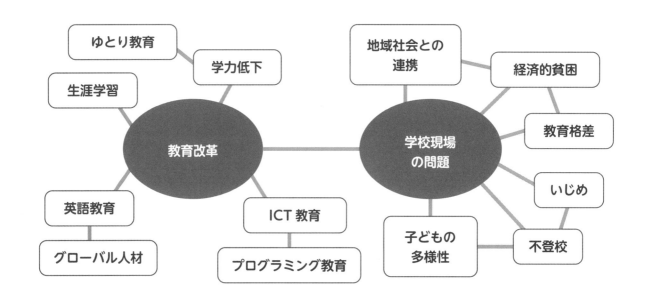

🔍 課題（問い）を見つけるための着眼点

①**グローバル人材の育成を軸に考える場合**：世界に通用するグローバル人材の育成を背景に、英語を学ぶ必要性や海外留学の意味について考えてみよう。また、これからの社会で求められる力、その力を身につけるために必要なことについて調べ、今後の学びの姿勢を考え直してみよう。

②**教育格差を軸に考える場合**：教育格差の問題については、さまざまな調査が行われ、データが出されている。教育にかかる費用、大学が都会に集中し地方には少ないという現状、学習支援の取り組み状況、奨学金の実態などを調べてみよう。

③**学校現場が抱える問題を軸に考える場合**：学校はひとつの「社会」であり、集団生活を営む場だ。コミュニケーションが苦手な子どももいれば、問題行動を起こす子ども、勉強についていけない子どももいる。そこで発生するいじめや不登校などのさまざまな問題の現状をとらえ、原因・対策を考えてみよう。

参考文献

■文部科学省「統計情報」…学校教育、社会教育、教育費、体育・スポーツ、科学技術などに関する調査結果を掲載。

■国立教育政策研究所…21世紀型能力、全国学力・学習状況調査に関するデータなどを掲載。

■『街場の教育論』（内田樹著　ミシマ社）…人間の「学ぶ」能力、「学び」が成立するしくみをわかりやすく論じる。子どもへの過干渉がいかに「教育」を妨げるのかが実感できる1冊。

■『迷走・暴走・逆走ばかりのニッポンの教育　なぜ、改革はいつまでも続くのか？』（布村育子著　日本図書センター）…著者は明治からの教育改革をふり返り、教育改革とは不確定な結果のための「投資」であり、それを支持してもらうための文部科学省の「努力」であると定義する。

■『子ども格差の経済学　「塾、習い事」に行ける子・行けない子』（橘木俊詔著　東洋経済新報社）…大学卒業までの費用、習い事にかかる費用などをデータで紹介。平等な教育機会を保障するための策を提案する。

第3章　実践編：自分で設定した問いに取り組もう

✎ メモ欄　※思いついたことを自由にメモしよう！

小論文入試とのつながり

　教育に関する小論文のテーマとしては、協働的な学び、授業において教師に求められる工夫や配慮、学校における不適応、インクルーシブ教育などの出題が見られる。自分自身が受けた授業の体験例を、グループワークなどで出しあって、そのなかにどのような課題があるか、どういう授業が望ましいかを話しあってみよう。

　また、小学校の英語教科化、大学入試での民間検定試験利用など、英語教育のあり方を問う出題も多く、注目しておきたい。教育全般を取り巻く課題としては、少子高齢化、グローバル化、ICT化、家族形態・ライフスタイルの変化、地域での人間関係の希薄化などが挙げられる。まさに現代の日本が抱える問題の縮図が教育現場だともいえる。学校内のことだけにとどまらず、このような社会的観点からも、教育について広く考えていくとよい。

大学での学びとのつながり

　主に教員養成を目的とする教育学部には、学校教育に関する科目が豊富にあり、各種教員免許を取ることができる。中高教員をめざす場合は、教育学部以外の学部で教職課程を取る方法もある。教員養成以外にも、「教育」が社会に与える影響や子どもの心理的成長について学ぶ「教育学」や、スクールカウンセラーなど、教員以外の立場から教育を支援する人材を養成する分野もある。教育分野では、講義形式を中心とした授業の試験・レポートでの成績評価以外にも、教育実習や体験型授業など実践をふまえた学びが多く、人間関係の構築力やコミュニケーション能力を養っていくことも求められる。教育にかかわる人には、社会からの信頼が求められている。変化の激しい現代において、最新の知識と技術を身につけるために、在学中も卒業後も、常に「学びの精神」を持ちつづけることが必要だ。

生活・社会 を考えてみよう

　生活・社会の分野は広い範囲にわたるものだが、いずれも私たちの日常生活にかかわりの深いテーマである。現代の日本社会が直面している問題の代表的なものには、**人口減少**と**家族**の問題、**格差社会**と**貧困**の問題、**自然災害**と**防災**の問題、**食の安全**など社会生活の安全・安心にかかわる問題などがある。どの問題も日本に暮らす人々に大きくかかわるテーマであり、将来に対する危機感を持ち、現状への対策を考えていく必要性がある。こういったテーマのなかから探究学習の問いを見つけるには、自分自身の現在と将来の姿を想像しながら、最も身近に感じたり不安を感じたりするテーマについて、掘り下げて調べてみるところからスタートしよう。

キーワード

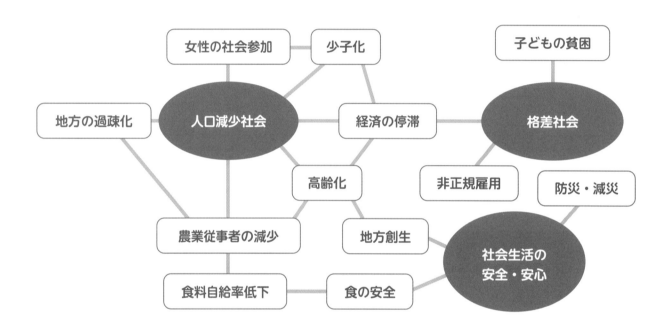

課題（問い）を見つけるための着眼点

①**人口減少社会を軸に考える場合**：少子高齢化に伴う人口減少の原因や、将来どのような困難に直面するかを考える場合は、公的機関の予想や具体的な統計データを活用しよう。少子化対策については他国の家族のあり方を調べるなど、解決策からさかのぼって問いを立てることもできる。

②**格差社会を軸に考える場合**：日本の格差社会の現状は、ジニ係数（富の不平等さを示す指数）の推移で確認できる。OECD間の貧困率の違いについても調べてみよう。所得格差解消のために政府は税制と社会保障政策を行っているが、どのような政策が格差の解消につながるかなどにも着目したい。

③**食生活を軸に考える場合**：日本は世界でも食料自給率の低い国だが、その原因を調べて農業との関連から対策を考えてみよう。一方、食生活の欧米化やファストフードの利用増加から、肥満や生活習慣病などの問題も起きている。健康であるための食生活のあり方についても考えてみたい。

 参考文献

■独立行政法人　労働政策研究・研修機構「データブック国際労働比較」…主に労働にかかわる国際的な比較の統計が掲載されており、統計の国際比較によって日本社会の姿を明らかにできる。

■農林水産省「食育白書」…国民の健全な食生活の実現や、食に関する理解の向上に役立つ情報が詳しくまとめられている。

■『超少子化　異次元の処方箋』(NHK スペシャル「私たちのこれから」取材班編　ポプラ新書)…NHK の番組で放送された内容をまとめたもので、少子化の原因と解決への展望が書かれている。

■『弱者の居場所がない社会——貧困・格差と社会的包摂』(阿部彩著　講談社現代新書)…貧困と格差社会についての入門書。「社会的排除(社会から追い出されること)」「社会的包摂(社会に包み込むこと)」という新しい視点をキーワードに、今後の社会保障政策について述べられている。

> ✏️ **メモ欄**　※思いついたことを自由にメモしよう！

第**3**章　実践編∶∶自分で設定した問いに取り組もう

小論文入試とのつながり

　このジャンルの出題テーマは多岐にわたる。人口減少社会について問われる場合、労働力を確保するための対策が課題となるだろう。女性の社会参加の現状、外国人労働者の受け入れにはどんな問題があるかなどを調べてみよう。人口減少による地方の過疎化による問題が、身近なところに見られないか、商店街や医療・交通などの公共サービスについて調べてみよう。また、若者の人口流出防止や、地方活性化について考えるのもよいだろう。

　格差社会がテーマの場合、さまざまな資料・データを読み取って考える出題が多い。貧困率とは何かをきちんと理解したうえで、日本の状況と他国の状況を比較して考えたり、貧困の連鎖から抜け出すための政策やボランティアのあり方を考えたりしてみよう。

大学での学びとのつながり

　身近な生活にかかわる分野については、どのようなアプローチから問題を解決できるかという観点を重視しよう。政治や行政の立場から解決する方法を学ぶことができる学問としては、法学、政治学、政策学、社会福祉学などがある。社会学では、社会問題の現状を調査・分析する研究もできる。自然災害や防災対策については、気象学や海洋学、地球環境学などの理学系、土木・建築工学などの工学系がある。生活全般については、家政学や生活科学、食物学や栄養学の分野で衣食住や家族、家庭の課題を学ぶことができ、食料生産や森林資源、水産資源については、農学、林学、水産学などで、解決すべき問題に向きあうことができる。健康的な生活のあり方を学ぶ分野には、医学、看護学などの医療系に加えて、体育学や健康科学もある。

福祉 を考えてみよう

　少子高齢化が進行している日本では、福祉の重要性が増している。社会生活を営むうえで、さまざまな困難や障害を抱えている人たちを救うことが福祉の役割だ。例えば、**貧困**、病気、身体やこころの障害、高齢、**介護**など、人々の苦しみはさまざまあるが、これらを税金などで支える日本の**社会保障制度**は、国民の**セーフティネット**の役割を果たしている。また、医療や福祉にかかわるビジネスも拡大し、病院や介護の現場で働く人々も増えている。一方、高齢者の増加とそれを支える生産年齢人口の減少により、公的年金などの社会保障制度そのものを見直す必要もある。身近な家族の看護や介護について考えるだけではなく、弱者を救う社会のしくみとして、あるいはひとつの産業として、福祉のあるべき姿を考えてみよう。

🔍 キーワード

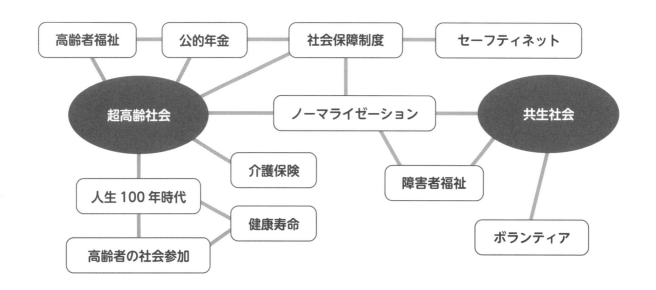

🔍 課題（問い）を見つけるための着眼点

①**共生社会を軸に考える場合**：高齢者や障害者も地域社会のなかで普通の暮らしを送るという「ノーマライゼーション」という考え方がある。ノーマライゼーションの実現にはどのような障壁(バリア)があり、それをどのように取り除くことができるか、共生社会を作るために何が必要かなどを考えてみよう。

②**高齢者福祉を軸に考える場合**：内閣府「高齢社会白書」などの報告書や統計データを見て、現状と将来の見通しを把握しよう。高齢者福祉をめぐるさまざまな制度のなかから、直面している課題を具体的に見つけ、政府・地方公共団体や一般市民がどのような対策をとることができるかを考えよう。

③**社会保障制度の見直しを軸に考える場合**：医療保険については、高齢者が増えたことによる医療費の増大が問題になっている。年金保険についても、少子高齢化に伴う将来的な制度への不信や、未納の問題がある。こうした問題の現状と解決策について調べ、考えてみよう。

参考文献

■内閣府「高齢社会白書」…日本の高齢化の現状と将来予想が、多くの統計資料をもとにまとめられている。高齢者福祉を探究するうえで必須の資料である。

■財務省「これからの日本のために財政を考える」…急速な高齢化による社会保障関係費の増加に関する現状と、持続可能な社会保障制度を構築するための取り組みについて知ることができる。

■『変わる家族と介護』(春日(かすが)キスヨ著　講談社現代新書)…家族のあり方が変化してきた現代の日本社会で、どのような福祉が必要なのかを考えさせてくれる。

■『持続可能な福祉社会―「もうひとつの日本」の構想』(広井(ひろい)良典(よしのり)著　ちくま新書)…誰もが共通のスタートラインに立つにはどんな制度が必要か。個人の生活保障や分配の公正が実現され環境制約とも両立する、「持続可能な福祉社会」像を具体的に提示する。

✏ **メモ欄**　※思いついたことを自由にメモしよう！

小論文入試とのつながり

　よく出題されるテーマの1つに、「ノーマライゼーションによる障害者や高齢者の社会参加」がある。困難を抱えた人でも社会参加できるということは、生活の質(QOL)の点からも意義のあることだ。QOLは、医療・福祉・保健などさまざまな分野で重視されている。人々に望まれるQOLとはどのようなものか、調べておきたい。

　「自助や共助」というテーマでの出題も見られる。共生社会が求めているのは、法律や制度に基づき行政機関などが提供する公助だけでなく、一人ひとりの努力である自助や、市民どうしで協力する共助だということだ。福祉は行政が行うものと単純にとらえるのではなく、自助・共助・公助という複数の視点をもって、普段から福祉にかかわるニュースに触れ、自分なりに調べたり、考えたりする姿勢が大切だ。

大学での学びとのつながり

　大学卒業後に福祉の現場で直接働きたい場合、福祉学という学問がある。社会福祉サービスの実践的な研究が行われており、社会福祉士(ソーシャルワーカー)や介護福祉士(ケアワーカー)などの受験資格を得ることができる学部もある。福祉学には演習やフィールドワークなどの科目があり、NPO法人や福祉施設、病院等での実習が行われることもある。国や地方公共団体など行政の立場から社会福祉のあるべき姿を研究したい場合は、法学や社会学、公共政策学、公共経済学などを学び、公務員試験を受けるなどして福祉にかかわることもできる。児童福祉の場合は、教育学の幼児教育や家政学・生活科学の児童学などから学ぶこともできる。福祉系の学問を学ぶ際には、地域社会が抱える福祉の課題についても注目したい。

政治・経済 を考えてみよう

　18歳になれば、高校生であっても**選挙権**を持つことになる。「公共」や「政治・経済」の授業で政治のしくみを理解したうえで、**主権者**の1人として、国民にとってどのような政策が望ましいかという観点から、さまざまな政党の政策や選挙公約を調べ、自分の考えをまとめてみよう。また、将来自分が仕事をするときのことも考えながら、日本の**労働問題**について調べてみよう。「**働き方改革**」が進められているが、ブラック企業と呼ばれる企業はどのような労働環境なのか。サービス残業や過労死の現状はどうなっているのか。男女ともに働きやすい環境とはどのような労働環境なのかなど、自分が働く立場に立って調べることから始めよう。

🔍 キーワード

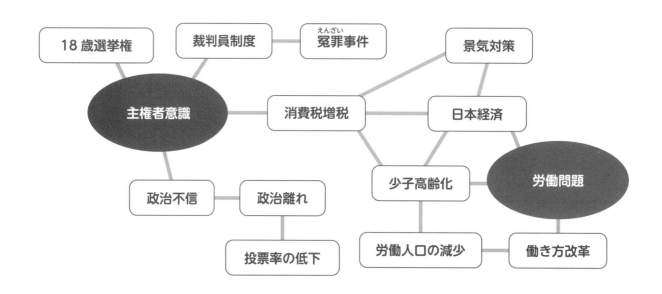

🔍 課題（問い）を見つけるための着眼点

①**国民の政治参加を軸に考える場合**：国民の政治不信の声は現在も多く聞かれる。政治不信が高まってきた経緯・歴史に着目してみよう。また、政治不信から起こる国民の政治離れや、投票率の低下などはどうすれば改善されるのか、特に若者の投票率を上げるにはどうしたらよいのかについて考えてみよう。

②**司法制度改革を軸に考える場合**：国民に裁判を身近に感じてもらうことをめざした「裁判員制度」は、約7割が裁判員を辞退する、心身ともに裁判員の負担が大きいなど課題も多い。また、日本の司法には冤罪を防ぐしくみが不十分だという指摘もある。気になる問題について考えてみよう。

③**労働問題を軸に考える場合**：日本は少子高齢化によって労働人口が減少している。高齢者や女性、外国人など、さまざまな人が活躍できるような労働環境に着目してみよう。また、非正規雇用労働者と正規雇用労働者の格差解消、サービス残業や過労死などにつながる長時間労働問題についても考えたい。

参考文献

■総務省「なるほど！選挙」…選挙の意義や種類、投票制度など、選挙に関する基本的な知識が、わかりやすく紹介されている。

■内閣府「年次経済財政報告」…一般的には「経済白書」という。日本経済の現状と課題について焦点を当てながら、働き方改革が求められる労働市場の課題や多様な働き方の実現、国内経済の発展について、今後の政策の指針が示されている。

■『政治のしくみがわかる本』（山口二郎著 岩波ジュニア新書）…政治とは本来どのようなものなのか。国会や内閣が果たす役割は何かなどが、わかりやすく書かれている。

■『キヨミズ准教授の法学入門』（木村草太著　星海社新書）…法律の読み方、法的なものの考え方といった法学全般について、小説仕立てで教えてくれる法学入門書。

✎ **メモ欄**　※思いついたことを自由にメモしよう！

小論文入試とのつながり

　入試については、現代社会において話題になっている事柄が反映されていることが多く、国民の政治参加、地方の衰退など日本経済の現状、少子高齢化や労働人口の減少など、日本の社会情勢と絡んだ出題が多い。法律に関する出題については、新聞やニュースで取り上げられている話題を押さえ、自分の意見とその根拠を考えておこう。ほかにも、「あなた自身は将来、なぜ働くのか。何のために働きたいのか」など、受験生の職業観を問う出題がある。これは、就職活動をする際にも同様の問いに対する準備が必要になる。最近は「働き方改革」など、労働問題に関する出題も多い。「働く」ということについて、お金を得るだけでなく、自分にとってどのような価値があり、社会貢献にどうつながるのかという観点で考えておきたい。

大学での学びとのつながり

　法学部では、さまざまなルールが複雑に入り交じった現代社会のなかで最も重要なルールである法律や、政治の基本的なしくみや思想的背景などの基本概念を学ぶ政治学を学ぶことができる。法科大学院を経て裁判官・検察官・弁護士となる、行政の一翼を担う公務員となる、民間企業の法務分野で活躍するなど、多様な職業選択の可能性がある。経済・経営・商学の分野は、一般的に文系学部として位置づけられているが、この分野を学ぶには、いずれも国内や世界の経済事情や実際のビジネスにかかわる基本的な知識について学ぶとともに、問題の原因やメカニズムを数学的なツールや統計的な処理方法で論理的・実証的に分析し、解決策を考える力が必要である。なお、この分野の成績評価は試験とレポートで行うことが多い。

科学技術 を考えてみよう

　科学技術にかかわるテーマは、**宇宙開発**や**エネルギー問題**、**バイオテクノロジー**、**人工知能(AI)**など多岐にわたる。なかでもAIは、幅広い学問分野で注目されているため、興味を持って調べてみてほしい。AIは、自動車の自動運転や医療画像の診断、インターネットの検索エンジンなど、さまざまな技術に応用され、研究が進んでいる。また、**IoT**(P.64参照)機器などから得られる膨大なデータ(**ビッグデータ**)の分析にもAIが利用され、交通渋滞の緩和や農業の効率化、犯罪の予防などにビッグデータの活用が進められている。さらに、介護や医療、接客などの分野で利用されるサービスロボットや、工場で組み立てなどの作業を行う産業用ロボットにもAIが搭載され、少子高齢化による人手不足や災害への対応に役立つことが期待されている。

🔍 キーワード

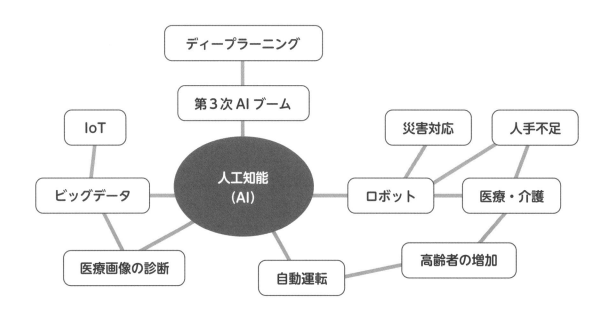

🔍 課題（問い）を見つけるための着眼点

① **AIを軸に考える場合**：いまなぜ「第3次AIブーム」といわれているのか、AIが急速に進化した理由は何なのか、その背景を調べてみよう。AIの活用例を調べ、現代社会の課題と関連させて、AIの新たな利用例を提案してみるのもよい。

② **ロボットを軸に考える場合**：現在、社会ではどのようなロボットが利用されているかを調べてみよう。ロボットにAIを搭載すると可能になることは何だろうか。また、さまざまな場面でロボットを利用するときに注意すべきことも考えてみたい。

③ **ビッグデータを軸に考える場合**：まず、ビッグデータとは何か、どのようにしてデータを収集するのか、どのような特徴があるのかを調べてみよう。ビッグデータをAIで分析するメリット・デメリットを明らかにし、社会でどのように活用するとよいかについて考えてみよう。

参考文献

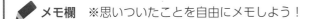

■総務省「情報通信白書」…世界と日本の情報通信技術の現状が、豊富なデータを用いて解説されている。IoT デバイスの急速な成長の様子がよくわかる。

■科学技術振興機構(JST)「Science Portal」…科学技術の最新情報を提供。日々の科学ニュースや、各分野の専門家による多様な視点からの意見・レポート、科学イベント情報、各大学・研究機関等が発表するプレスリリースなどが紹介されている。

■『ビッグデータと人工知能－可能性と罠を見極める』(西垣通著　中公新書)…ビッグデータや AI の有用性、ロボットとのコミュニケーションなどについて考察している。

■『図解 人工知能大全』(古明地正俊、長谷佳明著　SB クリエイティブ)…AI の歴史や機械学習、ディープラーニングなどについてわかりやすく解説されている。AI の活用事例も紹介されている。

> ✎ **メモ欄**　※思いついたことを自由にメモしよう！

小論文入試とのつながり

科学技術にかかわるテーマは、出題される学部・学科の専門分野によりさまざまだ。理工学系であれば、エネルギー問題や AI、ロボットなど、農水産環境系であれば、環境問題やバイオテクノロジーなどの出題が多い。

なかでも AI は幅広い学問分野で出題されている。例えば、AI を利用することの長所と短所、AI が発達した現代社会における人間の役割、知能に関する人間と機械の境界などが問われている。また、AI とロボットを組みあわせた出題も多い。AI やロボットが発達した未来において、なくなってしまう仕事と存続する仕事についての考えを問う出題は頻出である。AI とロボット、ビッグデータ、IoT は関連が強いので、これらのつながりを意識して、幅広い探究活動を行ってほしい。

大学での学びとのつながり

AI は工学系統の電子情報工学科や電気電子工学科、情報知能工学科などで、ロボットは工学系統の機械システム工学科や機械情報工学科、ロボティクス学科などで学ぶことができる。ビッグデータは工学系統の電子情報工学科や情報科学科などで研究が行われている。また、データサイエンス学部やデータサイエンスコースを新設した大学もある。工学分野の授業では、講義に加えて、演習や実習、実験が多い。成績評価については、講義では主に試験によって、演習や実習、実験では主にレポートによって評価され、出席も重視される。工学分野は、数学や自然科学をもとにして、社会に役立つものを作る学問なので、数学や物理学、化学などの学問の理解に加えて、現代社会に対して幅広い関心を持つことが重要である。

医療・看護 を考えてみよう

　近年の医療現場では、**患者の知る権利**や**自己決定権**が重要視され、医療の担い手(医療従事者)と受け手(患者)の良好な信頼関係が求められる。また、**医療技術の急速な発展**により、これまで治すことができなかった病気の治療薬が開発されるなど、私たちの健康管理や治療も大きく変化している。一方、想定外の健康被害が起こる可能性もあり、安全面や倫理面での課題も多い。さまざまな専門職が働く医療現場では、確実で安全な医療を提供するための連携である**チーム医療**が必要である。国民の健康面では、食生活やライフスタイルの変化に起因する**生活習慣病**の改善や、高齢化に伴う**健康長寿**の実現に向けた取り組みも求められている。医療の現状についての理解を深めたうえで、これからの医療に求められるもの、より望ましい医療を実現するために必要なことを念頭に、探究学習を進めてほしい。

🔍 キーワード

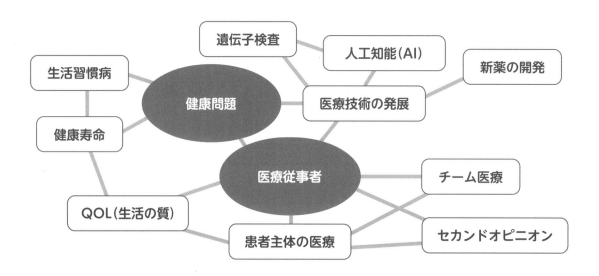

🔍 課題（問い）を見つけるための着眼点

①**医療のあり方を軸に考える場合**：近年、患者の立場に立った医療が求められるようになっている。患者が納得のいく医療を提供するには、どのような情報提供と信頼関係の構築が必要だろうか。また、医療の安全性を保つには、医療従事者間の連携とコミュニケーションが重要である点にも注目しよう。

②**健康問題を軸に考える場合**：近年の特徴的な健康問題として、がんや心臓病などの生活習慣病、うつ病や薬物依存などが増加している点に着目し、その社会的背景を探ってみよう。また、急速に進む少子高齢社会において健康長寿を実現するには、どこでどのような取り組みが必要か具体的に考えてみよう。

③**医療技術の発展を軸に考える場合**：病気の治療や診断のためにヒトの細胞や遺伝子を取り扱う場合、安全面や倫理面にはどのような課題があるか。また、医療現場に人工知能(AI)を活用する研究が進められている点にも注目し、メリット・デメリットを考えてみよう。

参考文献

■文部科学省「健康な生活を送るために（高校生用）」…健康に関する基本的な事項や関連資料を高校生向けにわかりやすくまとめた資料で、医療系分野の志望者には知っておいてほしい情報が紹介されている。各ページには、もっと詳しい情報を調べるためのリンク先も案内されており、より深く調べ学ぶことができる。

■厚生労働省「厚生労働白書」…国民生活に関する各分野の調査・統計資料が年次ごとにまとめられている。保健医療に関する項目では、国民の健康状況や、国の取り組みなどの概要が述べられており、小論文の課題としてグラフ資料が用いられることもある。

■『佐々木敏の栄養データはこう読む！　疫学研究から読み解くぶれない食べ方（第２版）』（佐々木敏著 女子栄養大学出版部）…食生活も要因となる生活習慣病の増加は、医療費の増大に拍車をかけている。疫学研究データから食べ物（栄養）と健康のつながりを読み解き、問題意識を持つきっかけをくれる１冊。

✎ **メモ欄**　※思いついたことを自由にメモしよう！

小論文入試とのつながり

　医療・看護をテーマとする小論文入試では、専門分野に関する出題が圧倒的に多いため、医療をとりまく基本的な知識を得ておく必要がある。出題内容としては、患者との向きあい方など根本的な医療のあり方を問う課題をはじめ、がんや感染症など疾病の予防・治療に関する出題や、安楽死・尊厳死などの終末期医療、細胞や遺伝子を用いた診断・治療に関する倫理的な課題まで幅広い。最近では、診断や治療に人工知能（AI）を取り入れるための研究開発が進み、これまで人間が行っていた医療行為を機械に任せることも可能になってきた。しかし、安全面や倫理面での課題も多く、どのように対応すべきかを問われる場合もある。医療の現状を整理したうえで、今後どのような取り組みを行うべきか、考えてみよう。

大学での学びとのつながり

　医療系学部は医療現場で直接患者と接する専門職をめざす臨床系と、病気の原因や治療法を研究する基礎系に大きく分かれる。医療系学部の多くは、卒業後の就職に資格が必要であるため、大学での学びには資格取得にかかわるものが多数ある。また、現代の医療は患者の生活の質（QOL）の維持・向上が重視されるようになり、大学では専門分野の知識・技術の習得だけでなく、患者とのコミュニケーションやこころのケアを行ううえで必要な知識を学ぶことになる。専門知識の習得を目的とした講義が中心となるなか、成績評価方法としては、レポートや論文の提出を求められることが多い。医療系学部での学びでは、専門知識・技術を「教わる」だけでなく、医療の現状について、自ら「調べ、考える」姿勢が必要となる。

環境 を考えてみよう

　産業革命以来、人類が大量に使用してきた化石燃料は資源量に限界があり、また**地球温暖化**の原因にもなっている。そのため、現在は太陽光や風力などの**再生可能エネルギー**の利用を進め、**循環型社会**を形成することが求められている。つまり、これまでの大量生産・大量消費・大量廃棄という**ライフスタイル**を変え、省エネルギーや省資源(鉱物資源や水資源などの天然資源の消費を減らすこと)を基本とした生活様式を確立することが重要だ。このことは社会を**持続可能**なものにし、未来の世代の生活を守ることにもなる。環境問題は、人間の何らかの社会経済活動が原因で起こるものであり、経済活動と環境問題を切り離して考えることはできない。また、あらゆる国において重大な問題となっている地球規模の問題でもある。環境保護と経済活動の両立を念頭に、分野の枠を超えた探究を深めていこう。

🔍 キーワード

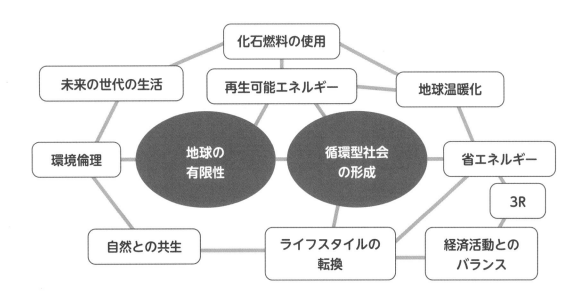

🔍 課題（問い）を見つけるための着眼点

①**地球の有限性を軸に考える場合**：石油や石炭などの化石燃料や、原子力発電の燃料となるウランはあと何年採取できるか調べ、再生可能エネルギーの必要性を考えてみよう。また、月面にソーラーパネルを設置するなど、宇宙開発に着目して地球環境問題との関係を考えてみるのもよい。

②**ライフスタイルの転換を軸に考える場合**：私たちの食生活や衣生活に着目し、エシカル消費やフードマイレージ、地産地消、クールビズなどについて調べてみよう。3R が徹底していた江戸時代の生活に着目し、現代に生かせることはないか考えてみるのもおもしろい。

③**未来の世代の生活を軸に考える場合**：私たちの生活が未来の世代の生活に及ぼす影響を考えよう。その際、環境倫理学の視点の１つである「世代間倫理」の思想や、将来の世代の欲求を満たしつつ、現在の世代の欲求も満足させるような開発である「持続可能な開発」の考えが参考になる。

参考文献

■国立環境研究所「環境学習」…地球環境について幅広いトピックを扱っている。「探求ノート」や「実践レポート」があり、トピックごとに学ぶことができる。

■環境省「ライフスタイルイノベーション」…低炭素型社会の実現に向けた新たなライフスタイルを促進していこうとする取り組みが、詳しく紹介されている。

■環境省「環境白書・循環型社会白書・生物多様性白書」…循環型社会や再生可能エネルギーなどについての最新の解説が載っている。

■『地球温暖化は解決できるのか』（小西雅子著　岩波ジュニア新書）…地球温暖化の全体像がつかめるように、国際交渉を中心にして解説されており、考察するべきテーマも示されている。

✏ **メモ欄**　※思いついたことを自由にメモしよう！

小論文入試とのつながり

　地球環境問題はすべての人の生活にかかわる総合的な問題であり、幅広い学問分野で出題されている。環境問題のなかでも頻出テーマである地球温暖化は、地球の有限性やライフスタイルの転換、未来の世代の生活にかかわる重要な問題である。そのため、そのメカニズムや現状、対策などさまざまな観点から出題されている。化石燃料に代わる再生可能エネルギーやバイオマス（生物資源）などの種類とそれぞれの特徴、技術的な課題は押さえておきたい。また、家庭におけるエネルギー消費の特徴や環境に配慮した生活など、身近なことも問われるので、普段から環境について意識して生活を見直していこう。環境分野は学際的な性質が強いので、理科や家庭科、社会科などの教科科目ともつなげて、教科横断的に探究を進めてほしい。

大学での学びとのつながり

　地球環境問題は学際性が高く、大学では多くの学部でそれぞれの特色を生かした研究が行われている。例えば、再生可能エネルギーについては、工学系統で研究されている。また、社会科学系統では、法学や経済学の立場から持続可能な社会の実現に向けた研究が行われている。環境に配慮した消費生活は、生活・家政学系統で学ぶことができる。環境倫理学については、文学部の倫理学分野に専攻やコースがある。さらに、理系と文系を融合した環境科学部を設置している大学もある。成績評価の方法は、授業の形式によって異なるが、実験やフィールドワークの場合、レポートと出席が重視される。環境系での学びでは、日常生活（ローカル）から地球規模（グローバル）まで、幅広い視野でものごとを見ることが求められる。

第3章 実践編：自分で設定した問いに取り組もう

情報・メディア を考えてみよう

　インターネットとは、世界中にはりめぐらされたコンピュータネットワークである。Facebookや LINE など、ネットサービスの１つである**SNS**では、個人が手軽に情報を発信でき、世界中の人たちとつながることができる。同時に、ネットトラブルも数多く発生しており、情報の閲覧や発信の際には、**情報モラル**を意識することが重要である。現在ではコンピュータやスマートフォン以外にも、家電や自動車などさまざまなものがインターネットに接続されており、これを**IoT**(Internet of Things：モノのインターネット)と呼ぶ。IoT やネットショッピングなどから得られる膨大な情報は**ビッグデータ**と呼ばれ、**人工知能(AI)**によって分析され、活用が進んでいる。

🔍 キーワード

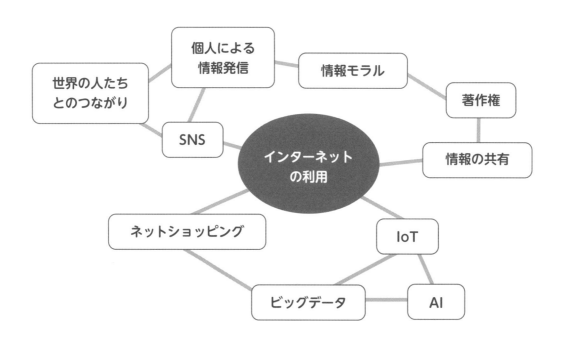

🔍 課題（問い）を見つけるための着眼点

① **SNS を軸に考える場合**：SNS の特徴を調べ、SNS を利用することのメリットとデメリットをまとめてみよう。メリットを生かして、SNS の活用例を提案するのもよい。また、デメリットに着目して、SNS を正しく利用するためのモラルを考えることも重要である。

② **IoT を軸に考える場合**：現在、インターネットに接続されているものにはどのようなものがあるかを調べてみよう。それらのものから得られた膨大なデータが、どのように活用されているかを調べ、さらに、新たな活用方法を提案してみるのもおもしろい。

③**情報モラルを軸に考える場合**：情報を複製、加工、発信する場合の著作権の扱いについて調べ、どのような場合に著作権侵害になるかを明らかにしてみよう。また、インターネットで発信する際の肖像権や商標権の扱いについて調べてみると、問題点や課題が見つかるかもしれない。

参考文献

■総務省「国民のためのサイバーセキュリティサイト」…インターネットの安全な利用方法、
利用方法に応じたサイバーセキュリティ対策を講じるための基本情報が載っている。

■総務省「情報通信白書」…情報通信技術に関する最新のデータと解説が掲載されている。

■文化庁「著作権制度に関する教材・講習会」…著作権制度の概要や、小学校〜高校生向けの
著作権教材、著作権登録制度といった手続きなどが紹介されている。

■『学生のための SNS 活用の技術　第 2 版』(高橋大洋著、佐山公一編著、吉田政弘著　講談社)…SNS
の特徴や SNS による情報収集・情報発信の技術が解説されている。大学生向けの図書だが、高校生に
も理解できるようにわかりやすく書かれている。

✐ メモ欄　※思いついたことを自由にメモしよう！

小論文入試とのつながり

　情報・メディアにかかわるテーマは文系・理系を問わず、幅広い学問分野で出題されている。インターネット技術の発達の功罪や、インターネット社会を生きるうえで必要なことを問う出題は頻出である。SNS に関する出題も多いため、SNS の特徴や、SNS を利用するメリット・デメリットは押さえておきたい。

　また、インターネットの新たな側面として IoT が注目されている。IoT による社会の変化やそれに伴う問題点、IoT の活用例の提案などが問われ、この傾向は今後も続くと予想される。IoT はビッグデータや AI との関連が強いので、それぞれの関係性についても探究を深めてほしい。デジタル情報を利用する際の著作権やインターネット犯罪をめぐる情報倫理に関する問題も出題されている。

大学での学びとのつながり

　工学部や情報学部における情報工学科や情報システム学科、情報学科、情報通信工学科などでは、情報伝達のしくみやソフトウェア開発について学ぶことができる。また、社会情報学部や総合情報学部においては、社会におけるコミュニケーションという視点から情報学が研究されており、SNS も研究対象となっている。著作権は著作権法によって規定されており、法学部の法律学科で専門的に学ぶことができる。工学部や情報学部のカリキュラムでは、講義に加えて、演習や実習、実験の科目が多く開設され、これらの体験型科目の評価はレポートと出席が重視される。情報・メディアは、私たちの生活に強く結びついている分野である。文理問わず、経済学、社会学、工学、統計学など、あらゆる学問を通じて研究する姿勢を持ちたい。

将来、自己理解 を考えてみよう

　職業や進路選択に関する情報を集めることは、まさに探究学習といえる。自分は将来どのような仕事に就きたいのか、自分に向いている仕事は何か、どのような生き方をしたいのかなど、いろいろな角度から自分自身を見つめ直し、目標を定めよう。まだ進みたい分野がはっきりしていないという場合こそ、進路探究が必要だ。例えば、人と触れあう世界（福祉・医療・教育・販売系など）と、ものや情報を扱う世界（研究・事務・製造・技術系など）に分けて考えると、自分に向いている分野がどちらの系統なのか判断しやすいだろう。就職先によっては、専門資格を必要とする職業もあるので、資格（または受験資格）についても調べたい。

キーワード

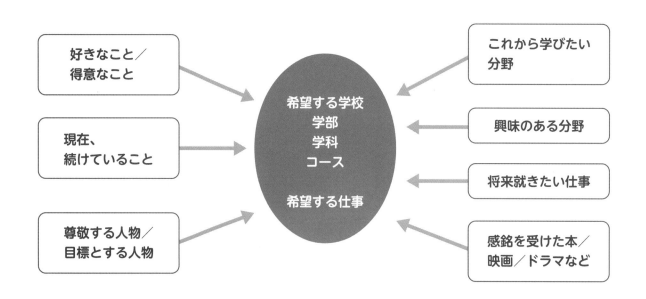

将来や自分自身について考えるための着眼点

①**将来就きたい仕事を軸に考える場合**：目標とする職業の具体的な仕事内容や必要な資格・知識を調べ、それらを取得（習得）できる方法の候補を挙げよう。進学の場合、同じ資格を取得できる学部でも、学校やコースによってカリキュラムが異なる場合がある。卒業後の方向性を視野に入れて、各学校の入学者選抜要項やシラバスを調べてみるとよい。

②**好きなこと／得意なことを軸に考える場合**：自分が好きなことや得意なことを生かすにはどのような職業があるのか、間接的に関連する職業も含め、幅広く調べてみよう。また、どのような点が好きなのか、きっかけとなった出来事などを整理してみよう。その際には、自分自身が満足するだけでなく、どのような社会貢献ができるのかを考えるとよい。

③**興味のある分野を軸に考える場合**：自分が興味のあることが、社会とどのようにかかわるのか、視野を広げて考えてみよう。なぜその分野に興味を持ったのか、具体的にどの部分に興味があるのかを明らかにし、携わっている人の職業や必要な資格など、いろいろな方向から調べてみるとよい。

🔍 参考文献

■株式会社マイナビ「マイナビ進学」…エリア別の学校検索やオープンキャンパスの日程が検索でき、資料請求も可能。人工知能(AI)を利用した「納得できる学校研究」など、無料で利用できるコンテンツもある。具体的な進路が決まっていない場合でも、適性診断によりマッチングを行い、自分に合った職業や進学先を提案してくれる。

■株式会社トップアスリート「13歳のハローワーク公式サイト」…2003年に刊行された村上龍氏のミリオンセラー『13歳のハローワーク』をパワーアップした書籍の公式サイト。自分の好みや興味から、関連のある職業の仕事内容や関連書籍などを調べることができる。

■株式会社イーパス「なるには進学サイト」…なりたい職業のジャンル、学びたい学問、取りたい資格など、希望する条件で学校を検索して、資料請求やオープンキャンパス予約ができる学びの総合情報サイト。掲載している学校の種類も幅広く、学校の特長や学部・学科の詳細、入試情報、学費・奨学金情報など進路選びに役立つ情報が多数載っている。

✏️ **メモ欄** ※思いついたことを自由にメモしよう！

志望理由書・自己PR文とのつながり

　自分に適した職業や進路について考えるには、自分自身をいろいろな方向から分析し、必要な情報を集め、整理する必要がある。現在持っている目標や興味・関心だけでなく、これまでの体験のなかで印象的だったことや、影響を受けたことを思い出し、できるだけ多く挙げてみよう。目標が漠然としている場合や、やりたいことがわからない場合は、情報サイトなどを利用して自分に適した業界や職業の情報を得ることもできる。

　長所・短所を考える場合には、家族や友人など周りの意見を聞くことで、自分では考えつかなかった見方に気づく場合もある。このような作業は、将来の方向性を定めるうえで重要であるとともに、大学入試や就職試験で課される志望理由書・自己PR文を作成する際や面接にも役立つ。進学先や就職先は、志望理由書・自己PR文の内容から、受験者の能力や志望動機だけでなく、適性や人間性を確認している。したがって、面接や小論文試験では、志望理由や自己PRに関する質問やテーマについて問われることが多い。志望理由書・自己PR文は、「自己」をテーマにした小論文と考えることができるので、自己分析と進路にかかわる探究活動は、小論文試験の材料集めとしても有意義な活動である。しかし、これらの探究活動はすぐに準備できるものではないので、ポートフォリオなどを利用して集めた情報や資料を整理し、考えたことを書き留めておくなど、日ごろからの積み重ねが必要である。

第3章では探究テーマを見つけてもらうために、高校生としてぜひ押さえておいてほしい重要テーマを、現代社会の問題やその背景から紹介してきた。ここでは、もう少し身近に考えられそうな問いの例とともに、専門知識に基づくより発展的なテーマを挙げてみた。具体的な問いを設定することに苦戦している人は、参考にしてみてほしい。

学校生活から思いつく問い

- ■エネルギー効率のよい通学手段は何か。
- ■人間は主に何を頼りにして情報を記憶しているのか（色？心理状態？音？におい？）。
- ■好印象を与える自己紹介に条件はあるのか。
- ■授業中に眠ってしまう人を減らす対策はあるのか。
- ■音楽の種類によって勉強効率に影響はあるのか。

身の回りの生活から思いつく問い

- ■○○市の商店街を活性化するには、どのような方法が考えられるか。
- ■どのようなカウンセリングをすると、うつや自殺の予防になるのか。
- ■無線 LAN における通信速度と通信を妨げる要因は何なのか。
- ■昆虫に人気の葉っぱはどんなものか。葉の食べられ方にはなぜ違いが出るのか。
- ■洋画において、原題と邦題が全く異なることがあるのはなぜか。
- ■どうすれば身長を高く見せることができるか。
- ■永久に使用可能なカイロにするには、どんな方法があるか。
- ■介護食に利用できるくらいお肉を柔らかくするにはどうしたらよいか。
- ■試合や試験で 100% の力を発揮できる最強のメンタルを手に入れるにはどうしたらよいか。
- ■魚は何色の物体にいちばん近づくのか（魚の色彩感覚を調査）。

実験・観察が必要な問い

- ■酸性雨は自然にどのような影響を与えるのだろうか。

  Keyword pH の測定、いろいろなものの pH 値、自治体による調査との比較、地球大気の特徴、大気の運動、降雨のしくみ、水循環

- ■「環境家計簿」は、家庭での省エネ活動にどれくらい貢献できるのか。

  Keyword 再生可能エネルギー、地球温暖化、温室効果ガス、二酸化炭素の重さと体積の関係、国別の二酸化炭素排出量の比較、クールビズ、ウォームビズ

- ■楽器はどのようなしくみで音を発するようになっているのか。

  Keyword 音の三要素、弦の振動、気柱の振動、電子楽器、MIDI、音楽情報処理、デジタル情報の情報量、標本化定理

- ■乱数を使って円周率を求めるにはどのような方法があるか（モンテカルロ法）。

  Keyword 一様乱数の発生、乱数サイコロ、普通の正 6 面体のサイコロ（6 進数から 10 進数への変換）、乱数表、Excel の関数の利用、プログラミング、統計学の基礎、計算機実験

第4章 講義編

目標 まとめ・発表の方法を学ぼう

● 第4章の概要＆学習目標

　第4章では、探究学習の「まとめ・発表」の具体的手法と、その評価方法の1つであるルーブリックについて解説していきます。せっかく調査してきたことは、ポスター発表や論文の作成など、何らかの成果物にすることが非常に重要です。例えば、ポスターセッションやプレゼンテーションなど、人の前で発表する機会があると、想定していなかった指摘や質問を得られることがあります。また、発表内容だけでなく、発表のしかたについてアドバイスをもらえることもあります。

　こうした経験は、参考意見を得られる機会としてとても役立ち、さらなる思考の整理や追加調査につながり、論文作成にも磨きがかかってくるでしょう。聴衆側にとっても、「聴く」態度について学ぶ貴重な機会になります。

　また、探究学習の成果発表として経験するプレゼンテーションや論文の作成は、大学・専門学校入試や就職試験にも役立ちます。プレゼンテーションの練習は、面接で志望理由や自己PRを述べる際に役立ちますし、論文作成は、字数の多い記述試験や小論文入試の練習につながります。もちろん、その先の将来でも必ず役に立つ経験となりますので、そのことを意識して学習を進めましょう。

❓ プレゼンテーション とは

スライド資料や配付資料を使って、発表内容を他者にわかりやすく伝えること。自分の発表内容に興味を持ってもらえるよう、魅力的・効果的に伝える力が求められる。

✌ ポイント

①同じ内容を伝える場合でも、発表者が堂々とした態度か、自信がなさそうな態度かによって、聴衆への伝わり方や印象は変わってくる。視線を上げ、聴衆に語りかけるようにゆっくりと発表しよう。

②本番で自信を持って発表するためにも、本番を想定した練習を事前にしっかりしておこう。また、想定される質問についても予想しておき、発表前の準備を入念に行っておこう。

プレゼンテーションの準備 ……………………………

　人の前で説明・発表するという経験は、自分の学びや理解が深まることにつながる。だれかに聞いてもらい、質問を受けることで、自分の学びに足りなかったところが見えてくる。苦手意識が強いという人もいると思うが、「実際にやってみて経験を積むこと」がとても大切なので、チャレンジしてみよう。

1 スライドの作成

　プレゼンテーションは一般的に、スライド（プレゼンテーションソフトウェアで作成した資料）を使って行われる。だれに・何を伝えたいのかを意識しながらスライドを作成しよう。なお、作成時には以下の点に気をつけよう。

〔スライド作成の流れ〕

❶ 箇条書き ▶ ❷ ビジュアル化 ▶ ❸ 色・デザイン調整

①箇条書き
➡ 文字数をできるだけ少なくするために、なるべく箇条書きで示そう。

②ビジュアル化
➡ 実験結果や数値、重要なキーワードなどは、図や表を使って強調しよう。

③色・デザイン調整
➡ スライドがすべて完成したら、文字の色や大きさ、配置など、デザインを調整しよう。
※プレゼンテーションソフトウェアを使う場合、最も小さな文字を 20 ポイント程度に設定するとよい。

〔スライドの構成例〕

```
1 枚目…表紙（タイトル、所属、名前）
2 枚目…目次（アウトライン）
3 枚目…問い・背景・目的
4 枚目…文献調査の内容
5 枚目…実験・アンケート（方法・内容）
6 枚目…実験結果（結果のグラフ、表など）
7 枚目…考察
8 枚目…結論
9 枚目…参考文献・資料リスト
（※実験や実験結果は、実施した場合のみ記載）
```

2 発表の練習

（1）「伝える」ことを楽しもう！
　聴衆に「絶対にこれだけは伝えたい！」という強い気持ちを持って、まずは自分自身がプレゼンテーションを楽しもう。大きな声で、適宜ボディーランゲージなども活用しながら堂々と聴衆に語りかけよう。なお、話すスピードは 1 分間に約 300 文字分を目安にするとよい。

（2）時間を守ろう！
　発表時間が足りなくなると伝えたいことが伝えきれないし、時間が大幅に余ってしまった場合も聴衆に準備不足の印象を与えることになる。事前に何度も練習し、話す速度を調整しておこう。

参考
　プレゼンテーションでは、聴衆から質問を受け、それに発表者が答える「質疑応答」の時間が設けられる場合がある。もしも想定外の質問をされた場合は、その場しのぎの回答はせず、正直に「今はわからないので、今後検討します」と答え、自分（たち）の今後の研究に生かすとよい。

第**4**章 講義編：まとめ・発表の方法を学ぼう

❓ ポスターセッション とは

　発表内容をポスターにまとめ、そのポスターの前に立って他者に発表内容を伝えること。プレゼンテーションと比べると、聞き手との距離が近く、聞き手の反応を見ながら対話形式で自分(たち)の探究した内容を伝えることができるというメリットがある。発表に苦手意識がある人は、プレゼンテーションの前にポスター発表に挑戦して、人前での発表に慣れておくとよい。

👆 ポイント

①ひと目見て、探究学習内容の全体像が聞き手に伝わるような、見やすくて印象的なポスターを作ろう。
②特に時間の規定がない場合には、発表内容を5分程度で説明できるように準備しておこう。

ポスターセッションの準備

　発表の目的は、「発信すること」ではなく「伝えること＝興味・関心を持ってもらい、知ってもらうこと」と考えよう。多くの資料を準備して、詳しく力説しても、関心を持ってもらえなければ発表する意味がない。説明は簡潔に、聞き手との対話を意識することを心がけよう。

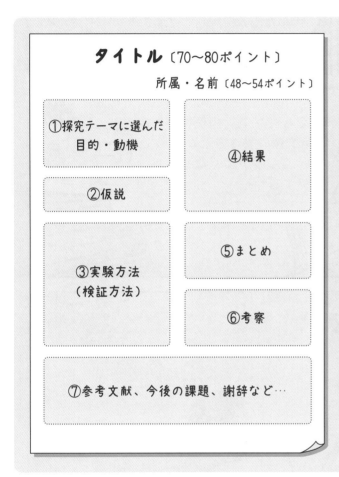

〔ポスター構成の一例〕

（1）見やすいポスターを作ろう！
　ポスター発表では、縦長のA0サイズ（84.1×118.9cm）の大判用紙1枚に、自分の探究内容をまとめて示すのが一般的だ。文字サイズが小さすぎたり、内容を詰め込みすぎたりすると読みにくく、せっかく準備したポスターを聞き手に見てもらえないことがある。くわしい説明は口頭で行えばよいので、ポスターには探究学習の流れとポイントを簡潔に示すことを心がけよう。

（2）デザインの工夫が大事！
- 文字のフォントは、基本的にゴシック体にしよう。読みやすくなる。
- 小見出しの文字の大きさは60ポイント程度、本文の文字の大きさは32〜36ポイント程度だと、遠くからでも読み取れる。
- 図表を入れたり、配色を工夫したりすると、わかりやすく、聞き手の視覚に訴えかけるようなポスターになる。
※文字の大きさはA0サイズの用紙を使った場合のめやす

実際にポスター発表をするときには…

（1）堂々と発表しよう！
　聞き取れないような小さな声で自信なさそうに発表すると、伝えたいことが十分には伝わらない。聞き手の表情をよく見て、反応を見ながら発表しよう。ポスターを指し示し、聞き手に問いかけながら発表すると効果的だ。話すスピードは1分間に約300文字分程度を目安にするとよい。

（2）　原稿を読み上げないこと！
　原稿を読み上げようとすると、どうしても一方的な発表になってしまう。視線を上げて、聞き手に語りかけるような堂々とした態度を心がけよう。そのためにも事前の発表準備はとても大事だ。

（3）　ポスターの縮小版をお土産として用意しよう！
　発表後にも自分（たち）の発表内容をふり返ってもらえるように、ポスターの縮小版（A4程度の用紙）を作り、聞き手に自由に持ち帰ってもらえるようにしておこう。

第4章　講義編：まとめ・発表の方法を学ぼう

❓ 論文 とは

　自分が立てた探究テーマの問いに対し、これまで行ってきた調査成果を、論理的な手法で書き記した文章のこと。探究学習の集大成として位置づけることもできる。問い（論題）に対して、確かな根拠を挙げていき、答え（主張）を示そう。

✋ ポイント

①大まかな章立てを考え、論文の全体像をイメージしたうえで、書ける章から書き進めよう。
②自分の文章や見解と、他人の文章や見解（引用）とは、明確に区別しよう。
③論文作成時に使った資料は、すべて「参考文献」として一覧にして示そう。

論文の基本的な構成 ···

　読み手にわかりやすく伝わるように、論文の構成には大まかなルールがある。まずは全体像（アウトライン）を簡潔に示したうえで、基本的な構成のルールにしたがって書き進めよう。

1　表紙・目次・序論の作成

　「表紙」「目次」「序論」は、論文の「顔」ともいえる部分だ。この部分で論文の全体像を読み手に示して、読み手の関心を引きつけよう。

表 紙　表紙は通常、記載事項や表記位置が定められているので、指示通り作成しよう。特に決まりがない場合は、タイトルと自分の所属、名前を書いておこう。

目 次　各章の章題や、各節の節題、ページ番号を間違えないように、目次は論文を書き終えたあとで書こう。各章の章題と、章の開始ページを「……」で結んで書こう。

序 論　序論は論の書き出しの章だ。ここでは、
①どんな問いを立てたのか
②どのような関心からその問いを立てたのか
③どういった答えを導いたのか
以上３つの要素を盛り込みながら、論文の全体像を簡潔に示そう。

〔表紙イメージ〕

〇〇市の商店街を
活性化させるには

1年3組33番
宮本　たくみ

〔目次のページ表記イメージ〕

2　本文の作成

（１）本論と結論の示し方

　「本論」と「結論」は、論文の主要部分だ。自分が主張したいことを読み手にわかってもらえるよう、説得力のある構成にする必要がある。章立てをよく考え、立てた章題に沿って論じていこう。

本 論　序論で書いた内容を、いくつかの章に分けてくわしく説明しよう。自分が立てた問いの答え（主張）を導くために行った、文献調査やアンケート調査などの内容と結果を、どのような順で説明すればわかりやすいかをよく考えて、章立てを行おう。

結 論　結論は、自分が立てた問いへの答えを示す部分だ。自分が立てた問いを再度示したうえで、調査や考察の結果から得られた見解・答えを示そう。また、自分が行った探究学習の成果の意義や、今後の展望、今後の課題などを示そう。

（２）参考文献の示し方

　論文を書くうえで参考にした資料や引用した資料は、すべて参考文献として一覧にして示そう。このとき、複数の資料を使っていなければ、論文の信ぴょう性が低くなる。また、どんな資料を使っているかという点も、論文の信ぴょう性や評価に大きくかかわってくる。

参考文献　参考文献は、【図書】→【新聞・雑誌】、【論文】→【オンラインデータベース】→【ウェブサイト】→【インタビューやフィールドワーク】→【映像・音声】の順に記載しよう。

第4章　講義編：まとめ・発表の方法を学ぼう

参考　参考文献一覧の書き方（一例）

> 共著の場合は、本の奥付に書かれている著者名の順に名前を書いていこう。

【図書】：著者名『本のタイトル』出版社、出版年

■浅岡○男『脱・シャッター街』○○出版、2018 年
■斎藤○子・近藤○希『空き店舗リノベーション』○○出版、2013 年
■中島○沙『寂れた駅前、にぎわう郊外』○○出版、2015 年
■横山○枝子『若者が町を変える！──町おこしに挑戦したある高校生の試み』○○出版、
　2017 年

【新聞・雑誌】：著者名（←わかる場合）「記事名」『掲載新聞・雑誌名』発行年月日、刊や版、ページ

■「深刻化する都市部の空洞化」『○○新聞』2018 年 3 月 19 日夕刊 13 版、p.10
■飯嶋○子「ヨーロッパの市場はなぜにぎわっているのか」『美しい街──南欧』2013 年 6 月号、
　p.18
■堀○佳代「ものづくりが町を元気にする？！」『月刊○○』2017 年 11 月号、p.3

【論文】：著者名「論文名」『論文が掲載されている雑誌名』巻数や号数、ページ

■中山○太郎「少子高齢化社会における都市開発の
　あり方」『○○学会誌』第 18 巻 11 号、pp.18-29

> 複数ページにわたる場合は、pp.○-○　と記そう。

■矢田○昌・加藤○也・幸田○代「都市と防災──
　シャッター街が抱える問題」『○○研究』第 3 号、
　pp.8-14

【オンラインデータベース】：著者名「記事名」データベース名 URL　閲覧（えつらん）年月日

■○田○彦「都市開発と都市問題」○○辞典データベース
　　http://××××××.jp/ 2019 年 5 月 31 日

> URL の文字が青色・下線になっている場合は、URL 上で右クリックし、「ハイパーリンクの削除」を選択して下線をはずそう。

【ウェブサイト】：「記事名」ウェブサイト名 URL　閲覧年月日

■「○○市におけるまちづくりの取り組み」○○市ホームページ
　　　　http://××××××go.jp/ ×××××××××　2019 年 1 月 16 日
■「地域研究──○○高校生の取り組み」○○市ホームページ
　　　　http://××××××co.jp/ ×××××××××　2019 年 4 月 5 日

> 最後に閲覧した年月日を記そう。

【インタビュー】：インタビュー相手の名前（その所属）インタビュー実施場所、実施年月日

■丸岡○子（○○市　都市開発推進課長）　○○市役所第 2 会議室にて　2018 年 7 月 22 日

【DVD 資料】：監督者名（監督）/ 脚本家の氏名（脚本）『映像タイトル』〔DVD〕、（原作情報）、発行地、発売元、発売年

■○本○雄（監督）/ ○山○香（脚本）『変わりゆくまち』〔DVD〕、○○県、○○エンターテインメント、2017 年

表記・表現上の注意点

基本的な表記・表現については、以下の点を心がけよう。

> A4用紙に横書きで作成した
> レポートを提出するときは、
> 左上をホッチキス止めしよう。

①常体（だ・である体）で統一し、書き言葉を使って書こう。
②「！」や「？」、「…」などの記号は、基本的には使わないようにしよう。
③タイトルや章題には句読点を用いないようにしよう。
④タイトルや章題は、基本的に体言止めでもよいが、それ以外の部分は述部まで省略せずに書こう。
⑤横書きの場合、英数字は半角文字にしよう。また、数字は基本的に算用数字にしよう。

参考 著作権と引用

　ほかの人が書いた文章を、自分（たち）の論文に引用する場合は、引用のルールにしたがって書く必要がある。自分の文章と、引用の文章を、きちんと区別して書こう。なお、引用箇所は必要最小限にとどめよう。

> ほかの人の文章をコピーして、まるでもともと自分の文章であったかのようにする行為を「剽窃（ひょうせつ）」という。これは重大な犯罪だ。きちんとルールを守って引用しよう。

Case. 1 短い引用の場合……「　」でくくろう！

だれが（著者名）、いつ（出版年）、どこで（引用文が記述されているページ）、何と記しているのかを記そう。引用部分は、句読点の位置も含め、一言一句正確に記載し、該当箇所を「　」（英文の場合は"　"）に入れよう。勝手に漢字の使い方や仮名遣いなどを変えてはいけない。

例）　あがり症の人が大勢の聴衆のまえでプレゼンテーションをする際の心得について、中島〇沙（2013）は「聞き手を自分の味方にする」ということが最も大切だと述べている(p.13)。

Case. 2 長い引用の場合……ブロック（かたまり）で引用しよう！

　ある程度まとまった分量の文章を引用する場合は改行し、引用文の前後1行を空けよう。また、行頭から2字分、字下げしよう。なお、この場合も、だれが（著者名）、いつ（出版年）、どこで（引用文が記述されているページ）記しているのかという情報を盛り込む必要がある。

例）　平成生まれの若者たちや日本に住む外国人の間で、最近、昭和歌謡がブームとなっている。その背景には何があるのだろうか。これについて、石川〇絵(2013)は、次のような見解を述べている。

〔1行空ける〕

〇〇　昭和歌謡の特徴として、リズムがさほど複雑ではない点、歌詞がわかりやすくて共感しやすい点、そして大勢で盛り上がれるという点が挙げられます。また、昨今のブームの背景には、家族も大きく影響しているのではないでしょうか。平成生まれの若者の親世代といえば、昭和のアイドルたちの全盛期です。親たちが家事をしたり、運転をしたりするときに何げなく口ずさみ、流している音楽に、若者たちは郷愁や親近感のようなものを抱いており、それが昨今の昭和歌謡ブームにつながっているものと考えられます。

(pp.5-6)

〔1行空ける〕

以上の石川の指摘にもある通り、歌詞のわかりやすさや共感のしやすさは、昭和歌謡を特徴づけるものだ。聴き取りやすく、意味もわかりやすいからこそ…

ルーブリックとは

　ルーブリックとは、皆さんが授業や成果発表の場で求められる到達目標について、どのくらい達成できているかを確認するための評価ツールのことをいう。「評価の観点（ポイント）」や、「評価の基準」を示すことで、単なる〇×だけでは評価することができない論文やプレゼンテーション、また本書で実践してきた探究学習などに活用することができる。

　ここでは、第1節で学習した3つの成果発表方法と、探究学習全体用のルーブリックを紹介するので、事前に目を通し、どのような評価項目があるのかを確認しておこう。

　※付属『探究学習実践ノート』にも同じルーブリックが載っているので、書き込みはそちらにしよう。

> ### ルーブリックのしくみ
> 　ルーブリックは、「評価の観点」の達成レベルを3〜5段階に分け、各段階の「評価の基準」を文章化した表の形で示される。基準が文章化されているので、評価ポイントがはっきりとわかりやすい。

1　プレゼンテーション用ルーブリック

評価の観点	4	3	2	1
内容 ①主張 ②調査内容	テーマに沿った内容の主張や調査内容が明確に提示され、伝えたい内容の要点を適切に過不足なくまとめている。	テーマに沿った内容の主張や調査内容が提示され、伝えたい内容の要点を一通りまとめている。	主張や調査内容とテーマとの関連性は感じられるが、わかりにくい。	主張や調査内容がテーマと合っておらず、内容が伝わってこない。
資料の準備	図表や資料に工夫を入れることで効果的に扱っており、伝えたい内容が明確にわかりやすく提示されている。	図表や資料が適切に用意され、伝えたい内容がわかりやすく提示されている。	図表や資料が必要に応じて用意されているが、工夫や配慮がない。	図表や資料が十分に用意されておらず、わかりにくい。
全体の構成	探究学習で得られた情報を取捨選択しつつ、自分のオリジナリティが伝わるように論理的に発表を構成している。	探究学習の過程がわかるように、筋道立ててわかりやすく発表を構成している。	発表内容の構成が、自分の主張に合わせた偏ったもので、情報の過不足も見られる。	発表を行うための基本的な準備が整っておらず、探究学習の成果を伝えることができていない。
発表態度 ①視線 ②声の大きさ ③話すスピード	堂々と聴衆を見ながら、十分な声量で、適切なスピードで発表をしている。	声量や話すスピードは適切だが、原稿を見る回数が多い。	声量が足りない または 話すスピードが適切でない。	声量が足りない かつ 話すスピードが適切でない。
発表時間	適切な時間配分である。	ほぼ時間内である。	時間が少しオーバーあるいは少し短い。	時間が大幅にオーバーあるいは大幅に短い。

ルーブリックを使った評価方法

　自己評価だけでなく、皆さんがほかの人のプレゼンテーションやポスター発表の評価者となって、ルーブリックを活用する場合は、以下のような手順でルーブリックを使ってみよう。

（例）　クラスメイトのポスター発表を聴く場合
　　①事前に配られたルーブリックに目を通す。
　　②ルーブリックの各項目を意識しながら、ポスター発表をしっかりと聴く。
　　③該当する欄を〇で囲み、気になった点やよかった点をルーブリックの欄外にメモしておく。
　　※気づいたことは具体的に書き込んでおこう。

2　ポスターセッション用ルーブリック

評価の観点	4	3	2	1
内容Ⅰ ①問い・ 　仮説の設定 ②情報収集スキル	動機や目的が説明されており、先行研究をふまえて仮説が設定されている。	動機や目的が説明されており、適切な仮説も設定されている。	動機や目的が不十分 または 仮説がわかりにくい。	動機や目的が不十分 かつ 仮説もわかりにくい。
内容Ⅱ ①探究の方法・ 　計画 ②検証	目的に合う調査・実験が、段階的に十分に行われている。	目的に合う調査・実験が十分に行われている。	調査・実験が 目的に合っていない または 不十分である。	調査・実験が 目的に合っていない かつ 不十分である。
ポスターの内容 ①文字の大きさ ②図表の的確さ	大きさや配色に工夫があり、必要なデータ（数値や単位など）も適切である。	大きさや配色に工夫があるが、必要なデータ（数値や単位など）がやや抜けている。	文字や図表が小さい または 配色に工夫がない。	文字や図表が小さい かつ 配色に工夫がない。
発表態度 ①視線 ②声の大きさ ③話すスピード	堂々と聴衆を見ながら、十分な声量で、適切なスピードで発表をしている。	声量や話すスピードは適切だが、メモを見る回数が多い。	声量が足りない または 話すスピードが適切でない。	声量が足りない かつ 話すスピードが適切でない。
コミュニケーション	発表者と聴衆の間で意見交換が行われている。	質問者に応じて、適宜情報を補足している。	発表中に質問を受けるとペースが崩れる。	質問を受けても、応答せずに発表を進める。

ルーブリックを活用するメリット

（1）「求められている力、身につけるべきポイント」を事前に知ることができる。
（2）複数の人に評価してもらう場合でも、だいたい同じ結果（公平な評価）を得ることができる。
（3）自分自身の改善点を知ることができる。
（4）教員やクラスメイトなど、ほかの人からわかりやすいフィードバックを受けることができる。

3 論文作成に関するルーブリック

評価の観点	4	3	2	1
問いに対する記述	問いに対する答え(結論)が的確で、根拠とともに過不足ない形で明確に書いている。	問いに対する答え(結論)が一通り書かれているが、改善すべき点が見られる。	問いに対する答え(結論)を部分的には書いているが、的確ではない。	設定した問いとは関係ない内容になっている。
文章全体の構成	序論・本論・結論に沿った構成で、各論の内容を十分かつ明確に整理している。	序論・本論・結論に沿った構成だが、各論の整理・つながりに改善点が見られる。	序論・本論・結論に書くべき内容のいずれかが欠けている。	序論・本論・結論に沿わない構成で文章を書いている。
参考資料 (自分の考えを支持するための文献やデータなど)	参考資料の取捨選択が的確であり、過不足なく参照できている。	参考資料を示そうとしているが、引用方法や長さに改善点が見られる。	参考資料を示そうとしているが、引用・参照方法に間違いがある。	参考資料を使っていない。
論文作成のルールが守れているか (※1)	論文を書くときのルールがすべて適切に守られている。	論文作成ルールのうち、5点が守られている。	論文作成ルールのうち、3点が守られている。	論文を書くときのルールがまったく守られていない。
表現・表記の確認 (※2)	慎重かつ丁寧に確認しており、誤りが見られない。	表現・表記の項目中、5点が守られている。	表現・表記の項目中、3点が守られている。	表現・表記に間違いが多く、確認が十分にできていない。
提出前のチェック	最後に読み直し、内容の最終チェックをしている。 指定されたフォーマットを守っている。	途中までしか読み直しておらずチェックに漏れがある。指定されたフォーマットは守っている。	最後に読み直していない。 指定されたフォーマットは守っている。	最後に読み直していない。 指定されたフォーマットを守っていない。

※1　論文作成ルール
①参考文献が正しく書けている。
②引用のルールが適切である。
③自分の意見と他者の意見がはっきりと区別できている。
④図表にタイトル(見出し)がつけられている。
⑤図表のなかに凡例がある。
⑥引用した資料については、出典を明記している。
⑦キーワードの定義が示されている。

※2　表現・表記のチェック項目
①段落が適切に作られている。
②句読点のつけ方が適切である。
③主部と述部の対応にねじれがない。
④文体が統一されている。
⑤誤字・脱字がない。
⑥段落はじめは、一文字下げられている。
⑦話し言葉になっていない。